心の中の台湾を手作りする

石垣島の台湾系移住民の人類学

三尾裕子

ars incognita

慶應義塾大学三田哲学会叢書

目　次

石垣島の主要地図

はじめに

日本の多くの読者にとっては、最南端の沖縄県八重山地域に「華僑」社会があることは、それほど広く知られた情報ではないだろう。日本の華僑華人社会と言えば、横浜、神戸、長崎がすぐに思い浮かぶのではないか。それ以外に最近では、山下清海氏が命名した池袋チャイナタウンも有名になっている（山下 二〇一〇）。

八重山地域に住む台湾からの移住民たちのことが知られる機会が少ない理由はいろいろあるが、観光客目線で言えば、彼らが可視化される装置、景観、モノがほとんどない、あるいは象徴化されていないからと言える。華僑社会はたいていチャイナタウンという地理景観によって可視化される。しかし、石垣島には世界各地のチャイナタウンに建てられている「牌楼（中国伝統様式の門）」がないので、華僑華人の街を他から区切るような目印はない。石垣島に中華料理店は何軒かあったが、現在はほとんどが閉業している。中華系の宗教施設も一般の観光客などが知る機会は少ない。今のところ、旅行ガイドなどに載っている類似のものは、せいぜい「唐人墓」[1]位だ。それとて、埋葬された人々は今の台湾からの移住民たちとは直接関係はない。台湾にルーツがある住民の方にお会いしても、その多くは日本語を使える方々だ。街中でインバウンドの観光客と彼らを案内するガイドや土産物店の販売員以外から中国語やその方言、台湾の先住民言語などを聞く機会はほぼない。ないない尽くしなのだ。

ところが、実は彼ら彼女らの存在は、まったく見えないわけではない。本書で取り上げる土地公廟（石垣島福徳宮）は、台湾からの移住民たちの組織である「琉球華僑総会八重山分会」が管理している。この土地公はもとは名蔵御嶽《ウタキ》という在地の聖地を借りて祭祀されてきたのだが、新しい廟が御嶽とは別の場所に二〇二〇年に出来上がった。しかし名蔵御嶽も新しい土地公廟も、島の中心地から離れており、車がないと行きにくい。そこでは、年に一度旧暦の八月一五日の土地公の誕生日を祝う「土地公祭」（第3章参照）が行われるのだが、その日に集まる人々のあいだでは台湾語（中国語の方言の一種）が飛び交い、豚丸々一頭が供物として供えられるなど、日本とは異なる風景が見られる。二〇二四年夏には、廟の建物の屋根瓦と装飾の工事が一段落し、土地公廟の姿は台湾の廟に近いものになった。

そのほか、パインアップル（以下では「パイン」）、水牛などは、もとは台湾の入植者が持ち込んだものだ。しかしそれらは、現在ではその起源とは関係なく、八重山を代表するモノと化している。パインは、一九三〇年代中葉から台湾の移住民が石垣島の基幹作物に育て上げたものだ。また、水牛は、かつては「農家の動力源」[2]（林　一九八四：三二）であって、台湾からの入植者が一人で水牛を一頭操って数町歩も開墾したため、鍬を使って数反歩しか耕地できない地元民にとってはは脅威であったという。それゆえ、入植者たちが台湾から船に積んできた六〇頭の水牛が追い返されたことすらあった（林　一九八四：三一－三三）。その後パイン栽培にはさまざまな出自の住民が参入し、また台湾系移住民はこうした移民たちに栽培のノウハウを教えたため、パインは台湾系の移住民だけが栽培するものではなくなった。機械化後農作業で活用されることが少なくなった水牛は、今では竹富島や由布島で観光用の乗り物として活躍している（図０－１）。つまり、パインも、水牛も必ずしも台湾系移住民を象徴するものではない。八重山を訪れても、ここが台湾の人々が少なくない人数で定着している社会であるとは一見しただけではわからない。

図0－1　水牛車観光

本書は一見不可視化されているが、豊かな歴史と文化を持つ石垣島の台湾系移住民の社会と文化について、より多くの方に知っていただきたいことからまとめた一冊である。また、彼らの歴史や社会、文化を検討することを通して、移民の「土着化」について考察したい。

筆者は当初石垣島の台湾系移住民を「華僑」と呼ぶことについて、ある種の違和感を抱いた。日本国籍を取得してすでに六〇年近く経った方やその子どもたちである彼らは、自分たちのことを

「台湾人」と言うことが多いが、時に当たり前のように「華僑」とも言う。特に、彼らがまとまって活動するときの拠り所が「琉球華僑総会八重山分会」という名前であるせいか、よく彼らは「華僑会」という言葉を使う。しかし、筆者には、彼らの社会はあまり「華僑」らしくないと感じられた(3)。そもそも、「華僑」とは何なのかと考えてみた時に、八重山地域で出会った台湾系の人たちは、通常華僑華人研究のなかでステレオタイプ化して語られてきた姿と違うように筆者には思われた。彼らが八重山に移住するそもそものきっかけが日本植民地時代の台湾からの入植であったことを考えると、一種の国内移動であり、彼らは華僑とは少し異なるように思われた。中国人の海外移住が国内移住と連続しているという議論も華僑華人研究のなかではしばしば指摘されるが(瀬川 一九九六)、しかし、「華僑」という用語が使われる場合には、やはり国外移住が前提とされる(4)。

もちろん、今日石垣島に住んでいる台湾系移住民のすべてが日本統治時代に移住してきたわけではない。戦後台湾からはいわゆる「技術導入」(第2章)名目や、婚姻等の名目で移住してきた人々も多い。また、戦後の国民党統治の政治弾圧から逃れてきた人もいる。また、日本統治時代に入植した人々も、戦後は台湾と八重山のあいだに国境線が引かれたため、海外居住という点で「華僑」となった。その意味では、今日では彼らを「華僑」あるいは「華人」と位置づけることはおかしなことではない。そこで、八重山の台湾系移住民の社会と文化を世界の華僑華人社会のなかでどのように位置づけることができるのかを考えることが、筆者の課題として浮かび上がってきた。ただし、以下では「華僑」を政治やナショナリズムという文脈から語るのではなく、文化人類学的な文脈から生業や文化に焦点を絞って論じることを先に明確にしておきたい。また、華僑や華人については、以下では原則としてカッコ書きはつけないことをお断りしておく。

以下、本書の構成について説明しておこう。第1章では、華僑華人社会としての石垣島台湾系住民社会について、なぜ土着化概念を用いて考察するのかを先行研究を参照しながら明らかにする。少々理論的な議論が続くので、石垣島の台湾系移住民社会そのものの歴史と実態を知りたいという方は、この章は飛ばして第2章から入っていただいても構わない。第2章では、石垣島の歴史について、そのなかでも特に台湾系移住民の移住定着過程に重点を置きながら概説する。また、特に彼らの生業に注目することで、通常の華僑社会とは異なるユニークな社会のあり様を浮き彫りにしたい。第3章では、彼らの宗教信仰について考える。石垣島の台湾系住民の社会は、最初期の入植から一〇〇年程度の比較的若い社会だが、多くの人々が日本に帰化し、また生業形態も変わってきている。そのなかで、彼らが保持してきた宗教信仰の特色や、宗教信仰を通して彼らのなかの一部として存在してきた台湾の姿を考察したい。最後に、以上の考察を踏まえ、当初の研究視角から何が明らかにされたのかをまとめる。

第1章　移民の土着化

本章ではまず、本書を読み解く鍵となる「土着化」について、これまでの華僑華人研究の流れを簡単に振り返りながら考察していきたい。

1　華僑華人の移住の歴史の大きな物語

中国から海外への人の移動は、宋代以前に始まっていたという（山下 二〇二三：八四）が、大量の海外移動が始まるのは、西洋帝国主義が中国に押し寄せ、アヘン戦争に敗北して以降だ。その原因は、国内における人口圧、外国製品の流入による国内工業の不振とそれ故の貧困、自然災害などの複合的だ。華僑という語彙も、一八七〇～八〇年代に、清国が結んだ国際条約において、在外居留の人々を定義して保護する必要から「僑居華民」という語彙が使われ、そこから倒置した二字の用語が作られたのだという（斯波 二〇〇二：一〇五）。

彼らについてしばしば語られる定型化されたストーリー――ここでは「大きな物語」としておこう――は、おおむね以下のようなものだ。たとえば、東南アジアでゴム農園や錫鉱山で、アメリカ大陸での鉄道敷設や金山の発掘などにおいて、中国系の移民は労働者として過酷な環境に耐え、懸命に働いた。彼らは欧米の支配者による植民地的経営の下で、地元民ではカバーできない労働力として重要な役割を果たした。

彼らのなかには一時的な出稼ぎ者や、渡航先での事故や病気等により亡くなった者も少なくなかったが、幸いにして次第に小商いをしたり、中国と移住先とのあいだ、海外各地とのあいだの貿易に従事して財を築く人も出てくるようになった。彼らは裸一貫から身を起こし、なかには実業家、企業家、財閥の創始者として成功し、故郷の家や村のインフラ建設にお金を投じて貢献し、また自らの成功を知らしめた。まさしく故郷に錦を飾ることが彼らの誉れであった。もちろん、顕著な成功を収めた人は一握りであったが、契約労働の終了後現地に残った人々は、都市で商業に従事することが多かったようだ。都市では、相互扶助組織や集会場所としての会館、子弟の教育のための華僑学校が設立された。こうした場所は、ビジネスの場、移民同士の相互扶助の場、祖国での抗日戦争を援助するための足掛かりの場として機能した。

第二次世界大戦後になると、中国本土の共産主義化や文化大革命などの社会変動により、また移住先の国家の華僑政策にも影響を受けて、多くの中国系の移民は現地への定住を選択するようになった。移住先の国家は、彼らが経済的利益を母国に持ち帰るだけの存在になったり、共産主義思想を持ち込んで国家に悪影響を及ぼしたりすることを心配し、現地国籍を取り、現地に定住して現地に貢献することを要請した。また、彼ら自身も特に文化大革命期には母国に帰れば海外のスパイの疑いをかけられて政治的な迫害を受けることを怖れ、また海外で築いた財産を守る意味でも、現地国籍を取得しようとした。こうして、彼らは仮住まいの華僑という呼称を避け、定着したことの証としての現地国籍を取得した華人と位置づけられることを望んだのである。この他、故郷でも現住地でもない第三の場所へ再移住する人たちも出た。

一九七〇年代末以降になると、中国（中華人民共和国）が改革開放路線に舵を切ったため、海外の移住民との関係性も回復に向かった。彼らは故郷の中国に投資をして、経済発展を助けた。また中国から留学やビジネスを通じて海外に進出していく人々も増えた。しかし、彼らはかつてのようなきつい肉体仕事をいとわず裸一貫でコツコツ財を成していった人々とは性格を異にしていることが多い。筆者が二〇〇六年に中国出身のジャーナリストである莫邦富氏の講演会に参加した折、莫氏が「今日の華僑は、世界経済の主人公になることを目指している」といった内容を繰り返し強調していたのが印象的だった[1]。実際、YouTubeやzoom, Yahoo!などの設立には中国からの移民が関与しており（山下　二〇二三：二五三―二五六）、華僑華人が今日、世界の先端科学や経済を牽引していると言っても過言ではない。

2　華僑華人研究の潮流

華僑華人に関する研究は、前節で述べた「大きな物語」に参画した人々を対象に、政治、経済、社会、文化などさまざまな視野からさまざまな時代について、非常に盛んに行われてきた。ここではそれらを紹介する余裕がないが、ある程度の傾向性を三点指摘しておきたい。

第一に、上記の「大きな物語」でも示したように、対象となる華僑華人は多くが都市居住民であり、商業従事者、企業家が多い。山下（二〇二三：五一－五二）も、世界に広がった華僑華人は、熱帯地域、沿岸地域、および都市地域に多く分布してきたと整理している。

第二に、華僑華人とホスト社会、あるいは多様な移民間の社会的接触や、文化的な相互影響関係が薄く、華僑華人、その他の移民、またホスト社会の民族がそれぞれ、互いに分節化された存在として描かれる傾向があった。この点は、植民地時代に統治者によって、現地の人々と統治者のあいだの階層に華僑華人が位置づけられ、同じ地域で生活していたとしても互いに分離した社会を作るようなかたちで分断統治が行われたということも関係していたかもしれない。ファーニバル（J. S. Furnivall）は、オランダ領東インド（インドネシア）や英領ビルマ（ミャンマー）において、多民族で構成される社会が異なる経済的インセンティブによって形成されているために、各民族が相互浸透しないことによって、そのことが宗主国の植民地支配を容易にしたと主張し、そうした社会を「複合社会（plural society）」と定義している（中西 二〇〇二：六八〇－六八一）。戦後植民地を脱して独立した国家においては、華僑も現地国籍を取得して現地社会に根づいていくが、現地民とは一線を画しながら優位な経済力を得ていったために、しばしばスケープゴート化された。

第三に、華僑華人研究では、彼らのエスニシティを考察するものが少なくないが、それらの議論は、中国系の移住民が中国籍であった時代、現地国家の国籍を取得した時代、また今日のトランスナショナルな移動が頻繁になっている時代のいずれにおいても、彼らが何らかの文化的な意味で「中国人性Chineseness」を保持してきたという本質主義的な普遍論を内包している傾向がある。「中国人性」とは、ごく簡潔にまとめれば、中国系の人々は、固有の特徴——漢字文化、宗族や同郷などによる人々のネットワーク、儒教的な精神、宗教信仰など——を保持している、あるいは理念型としてそれらを保持していると意識する人々で、そのような人々同士が共属意識を持っているとする議論と言えよう。

もちろん、人類学におけるエスニシティ理論は、すでに本質主義から構築主義に転換して久しい。華僑華人研究においても、研究対象を普遍の中国人性を有する人たちとして本質主義的に見ることから、いつどのようにして彼らは華僑華人として立ち現れるのかといった視点に移行している（たとえば、津田・櫻田・伏木編　二〇一六参照）。とはいえ、それでも華僑華人研究の多くは、外側から華僑華人と見える要件を備えた人や、また自ら華僑華人であるという人を研究対象にするといった対象の限定を行ったうえで、そのような研究対象の文化社会、アイデンティティを研究することによって、ややもするとそのなかから中国人性を抽出するという同語反復的な研究になりかねない。

3　不可視化されてきた人々への注目

前節で示した研究群が見落としてきたのは、

①　他のエスニック・グループと差別化し独自の社会文化を維持形成しようとするのではなく、現地社会に適応し、土着化あるいは同化する方向性を選択する移民

②　遠い故郷のナショナリズムに共鳴して支援を志向するとは限らない移民

③　現地の都市における商人や実業家などではなく、村落に入植し、農漁業などに従事する移民

である。Heidhues（1966）によれば、一九七〇年代の西マレーシアの華人の五二・四％は都市民ではなく、村落居住民であったという[2]。

このように、従来の華僑華人研究が見落としてきた移民の姿を捉えることによって、中国系の移民は自動的に「華僑華人である（being）」のではなく、一定の社会、歴史的な経緯のなかで「華僑華人になる（becoming）」（上田　一九九六）ことが明らかになるだろう。裏を返せば、中国系の移民のなかには華僑華人になる人々がいる一方で、そうならない道を選ぶ人々の存在があることを意味している。従来の華僑華人研究は、華僑華人のアイデンティティのマルチ性、多重性、

変動性などを論じてきたが、そのどれもが華僑華人は何らかの中国人性をそのアイデンティティの重要な核として維持していると見がちであった。しかし、中国人性の維持そのものも、移民の選択肢の一つの方向性に過ぎないことが明らかになれば、彼らを華僑華人として自動的に本質主義的に定義する語り口から逃れ、中国系の移民の社会文化の変容の多様なあり様を明らかにすることができる。

4　ベトナムにおける中国系移民の土着化

以上の考察を踏まえ、筆者は以前土着化に関係する事例として、ベトナム中部のかつて港湾都市ホイアンにおいて、明末・清初以降、つまり大量移民が生じる以前から同地域に移住した人々について考察した（三尾　二〇〇六、二〇一二）。彼らのなかには、一時滞在者としてベトナムに滞在した人々だけではなく、ベトナム国籍を選択して帰化することによって定着した人々がいた。つまり、僑居化（仮住まい）と土着化という二つの現象が同時並行的に見られた。

ベトナム中部でこの地域を統治した阮氏政権（広南国　一五五八～一七七七年、一七八〇～一八〇二年）は、外国人に対して海港に専用の居住区を作り治外法権を許すなど、彼らの貿易活動に優遇を与えると同時に、彼らの力を国の建設に利用した。ホイアンの中国系移民は「明香社」という自治組織を作った。しかし、一九世紀には、阮朝政権（一八〇二～一九四五年）が中国系移民を積極的に同化させる方針転換を行い、明香社を明郷社に改称し、現地生まれの子どもの辮髪を禁止するなど、ベトナムの風俗習慣を受け入れるように促し、一八歳になると明郷籍に入れることとした。この規定がどの程度厳格に施行されたかは疑問があるが、明郷籍を選択した人々は、役人や知識人としてベトナム社会に定着するようになった。現在の彼らは、主流民族のキン族に分類されており、外来者でありながら現地社会に根付き、中国にルーツがあるという意識を残しつつも、一見したところでは彼らが主流派とは異なる歴史経験や文化を紡いできたことは気づかれにくくなっている。他方、華僑であり続けた人々は、今日「華族」と呼ばれる少数民族に分類されている。

5 農業開拓から始まる移民への注目の不足

ホイアンの事例は、華僑華人研究の文脈に照らせば、中国からの移民の大量出国時代以前に始まった移民という点で、この分野の研究のなかでは比較的希少なものであると言える。同様に大量出国期以前から出現した移民について注目した研究としては、マレーシアやシンガポール、インドネシアなどのプラナカン・チャイニーズ（あるいは、ババ（男性の場合）／ニョナ（女性の場合）とも称される）の事例がある。プラナカン・チャイニーズは、一五世紀中葉あたりから当該地域に移住した男性と現地で娶った妻のあいだに生まれた子どもたちやその子孫を指す。たとえば、海峡植民地（ペナン、マラッカ、シンガポール）では、彼らは数の上では少数派であったが、植民地政府の行政官、医師、弁護士、エンジニアなどとなり、社会の中流以上の階層に属する者が多かった。また、彼らの文化には現地の文化が大きな影響を与えている。たとえば、Tan（1988, 1993）によれば、マラッカやシンガポールでは彼らの言語はマレー語に一部福建語（閩南語　移住元の言語）が残存するババ・マレーである（ただし、英国植民地下において英語も話すバイリンガルが多かった）。信仰の面では関帝や観音などの中国由来の神も祀ると同時に、ダトゥ公（マレー人の信仰する土地神、詳細は第3章を参照）などの在地の神も祀る。プラナカン・チャイニーズの文化は、地域によって差異もあるものの、現地の文化を相当程度取り入れたものであり、大量出国時代の華僑とは異なり、現地化あるいは土着化が進んでいたと言ってよい。

ホイアンの明郷やプラナカンを第3節で指摘した不可視化された移民カテゴリーに当てはめてみると、①「土着化傾向」と②「母国のナショナリズムとは必ずしも結び付かない存在」についてはある程度当てはまるが、③「農漁業従事者」については満たしていないことがわかる。そこで、筆者は③についても考察が可能な事例として八重山地方の特に石垣島の台湾系の華僑社会に注目することを着想した。ただし、明郷やプラナカンと石垣島の台湾系移住民とでは移住年代がまったく異なること、すなわち明郷やプラナカンは大量出国時代（帝国主義期）以前であることから、大量出国期の主に二〇世紀以降の台湾系の移民と同列には考えられない。筆者にとっては中国系の移民であっても中国人性を維持し続けることにこだわっている人々ばかりではないことを示す事例として明郷やプラナカンの事例が考えられ、それに類する事例として、本書で紹介する八重山の台湾系移住民も考察できるのではないかという着想を得たということを付け加えておきたい。(3)

6　土着化概念について

次章からの具体的な事例に入る前に、いくつか用語を整理しておきたい。一つは鍵概念になる「土着化」である。土着化には類似する語彙として、同化、ローカル化（あるいは現地化）などが考えられるが、筆者は土着化を使用したいと考える。

同化（assimilation）概念は、たとえばデジタル大辞泉（小学館）によれば「異なる性質・態度・思想などが、感化されて同じになること。また、感化して同じにさせること」（https://dictionary.goo.ne.jp/word/%E5%90%8C%E5%8C%96/　二〇一四年八月一七日閲覧）と定義されている。植民地主義の文脈では、支配者（宗主国）が異民族である被支配者の文化を半ば強制的に改変して宗主国のそれを受容させることが当てはまる。

一方、土着化という語彙は、「土着」に「化」という変化を意味する接尾辞が付いた語だ。デジタル大辞泉（小学館）によれば、「土着」とは「先祖代々その土地に住んでいること。また、その土地に住みつくこと。」とある（https://www.weblio.jp/content/%E5%9C%9F%E7%9D%80　二〇二四年八月二六日閲覧）。つまり、「土着化」とは、「先祖代々その土地に住んでいるあるいは住み着くのと同様な状態に変わる」ということになろう。また、「土着」は、植物がもとからその土地に根を張っているイメージも喚起されることから、移民の場合、移住先に根を張る、すなわち定着して土着の人にさまざまな面で近づいていくことを意味するだろう。

研究において「土着化（indigenization）」概念は、通常、モノや概念、制度について適用されているようだ。たとえば、宗教研究では土着化という語彙がしばしば使われる。キリスト教の「土着化」のように、キリスト教が外から持ち込まれたのち、さまざまな経緯を経てもとの状態がそのまま保持されるのではなく、移入された土地の人々によってその地の文脈、文化などに適合可能なかたちで埋め込まれていくことが含意されているとも言えよう。そして、それがあたかも土着のものであるかのように受け取られていくプロセスと考えればよい。

モノや制度の土着化という側面では、それらが持ち込まれることでホスト社会の社会文化のなかに取り込まれてあたかも土着のモノであったかのようになるという視点から土着化の程度が判断されることが多いが、移民の土着化という場合には、移民の土着化への意志がより強調される面がある。インド系移民のフィジー社会における適応や戦略を多文化主義などとの関連で検討した人類学者の橋本和也は、「ある概念や制度が持ち込まれ、地元の文化や制度に馴染み、すっかり地元のものになる過程」（橋本　二〇〇五：八）を土着化と定義しているが、移民の土着化が思想や制度の土着化と違うのは、「自らの価値観と信条をその過程に反映させる」こと（橋本　二〇〇五：八－九）、意識的か否かは別として「自らの選択によって「土着化」する」（橋本　二〇〇五：九）点であると述べている。

そこで、本書でも土着化概念を採用して石垣島の事例を考えたい。つまり、同化の場合には、文化面で移民、被支配者の文化がホスト国、宗主国のそれにどのくらい感化されて近づいて行ったのかが検討されるが、土着化概念では移民自身がどのように移住先の人々と接触、交渉して、移住先に定着していこうとしたのかという彼らの主体性と意志、およびそれらが発揮されて現地に根づいていく過程が重視される。

なお、廣本由香（二〇二四）は、筆者と同じ石垣島を舞台に、「土着化」概念を使用している。ただし廣本の場合には、石垣島のパイン栽培に適した特定の土壌の利用の有効性に気づいたよそ者だった台湾系移住民がパインを植え、生産していく過程で形成して行ったパイン生産者の知識に特に注目して「土着化」概念を使用している。

最後にローカル化（localization）だが、この言葉はグローバル化やグローバル概念と不即不離な概念という色合いが強い（上杉　二〇一四）。グローバリゼーションの開始は通常二〇世紀後半と言われるが、他方でもっとさかのぼる時期を主張する研究者の議論もある（詳細については、三尾・床呂編 二〇一二を参照されたい）ことから、植民地主義を一つのグローバルな思想潮流として、そのなかでの人の移動をローカル化として位置づけることも可能だろう。ただ、本書のコンセプトとしては、帝国主義や戦後の国際環境のなかでの台湾や日本の置かれた位置が移民の現地化に与えた影響が大きいことを踏まえつつも、台湾系移住民が、具体的な彼らを取り巻く社会情勢や文化と交渉を重ねながら定着する側面により重点を置きたい。なお、安里陽子（二〇一六）は、プラナカン・チャイニーズ、フィリピンのる中国系の移民（チノイ）および八重山を含む琉球華僑を取り上げてローカル化を鍵概念として分析している。安里は、ローカル化を中国化の対概念として用い、移動先において外来系住民が主体性を形成する過程を「ローカル化」と名づけ、主に博物館展示などに見られるメディア表象を対象にして集合的主体性を政治化させる動きに注目している。

7 華僑／華人／中国系移民／台湾系移民・移住者

本章の最後に、華僑、華人など中国系の移民に関連する語彙について簡単に言及しておきたい。華僑華人研究においては、中国系の移民のなかで、一般に華僑とは移民元の国籍を有する者であり、華人とは移住先の国籍を取得し、移住国への定着を選択した者を指すとされている。「僑」が仮住まいという意味を有することから、華僑が現地国家に貢献する意思のない人々と受け取られかねないため、現地国家への帰化後、華僑と呼ばれることを嫌った人々が、華人と自称し、またそう称されることを望んだと言われる。

しかし、華僑と華人を対比させながら論じることはいくつか問題もある。まず両者の使い分けは、世界に広がる中国系移民の共通認識となっているわけではない。日本では、華僑のなかに日本国籍を取得して帰化した人も多いが、それらの人々に対しても華人よりは総称として華僑が用いられることが多い（山下　二〇二三：二〇）。石垣島の台湾出身者も、自らを華僑と自称することはあっても、華人を使っている例はあまり聞いた記憶がない。第二に、両者の使い分けは、上記の経緯を考えれば、かなり政治的な意味を含んだ用語である。第三に、ある一定地域の当事者たちがそう呼んで欲しいと思う用語や政治性の強い語彙を学術用語として使用することによって、それが当事者の使用するフォークタームなのか、学術的な分析用語なのか、あるいは政治性を強調する語彙として使用されるのかが曖昧になりかねないためだ。

このため、筆者はベトナム研究を行った時には、地政学的な中国から海外に進出した人々を指して華僑や華人ではなく、「中国系移民」という用語を使用した。しかし、「中国系」という語彙も問題含みである。「中国系」にしろ「中華系」にしろ、現実の特定の政体としての「中国」をイメージさせかねず、やはり政治的な意味づけから逃れられない。さらに、本書のような台湾からの移民を扱う場合、彼らを「中国系移民」と称すれば、さらにズレが大きくなる。「中国系」

を文化的な意味で使用したいと考えても、語義を厳密に限定することは難しい。そこで、本書は、文化人類学的な研究の枠組みとしての華僑華人研究のなかで、地域としての台湾から移動してきた人々、またその子孫を扱うことから、これらの人々を「台湾系移民」あるいは移住先に定住した人として「台湾系移住民」と呼ぶことにしたい。

第2章　石垣島の台湾系移住民の移動と定着

本章ではまず石垣島の台湾系移住民の移住過程、次に彼らの生業と定着の関係について考察する。これらの分析に当たっては、通常の華僑社会と石垣島の華僑社会との異同に留意しながら進めていきたい。

1　八重山地域の地理

石垣島は、行政的には石垣市と竹富町、与那国町によって構成される八重山諸島のなかの一つの島だ。沖縄県内では、沖縄本島、西表島に次ぐ三番目に大きい島（二二二・二五平方キロ）である（chrome-extension://efaidnbmnnnibpcajpcglclefindmkaj/https://www.pref.okinawa.jp/_res/projects/default_project/_page_/001/019/272/h30itigatuban1syou.pdf　二〇二四年八月一七日閲覧）。

八重山諸島は、沖縄県のなかでも最南端にあり、沖縄本島から石垣島までが直線距離で四一一キロメートルなのに対し、石垣島から台湾の蘇澳鎮までが二三六キロメートル、台北市までが二七三キロメートルと圧倒的に台湾のほうが近い（図2－1）。このことから八重山地域の人々にとっては、沖縄や日本本土より台湾のほうがある意味身近であると言えるだろう。

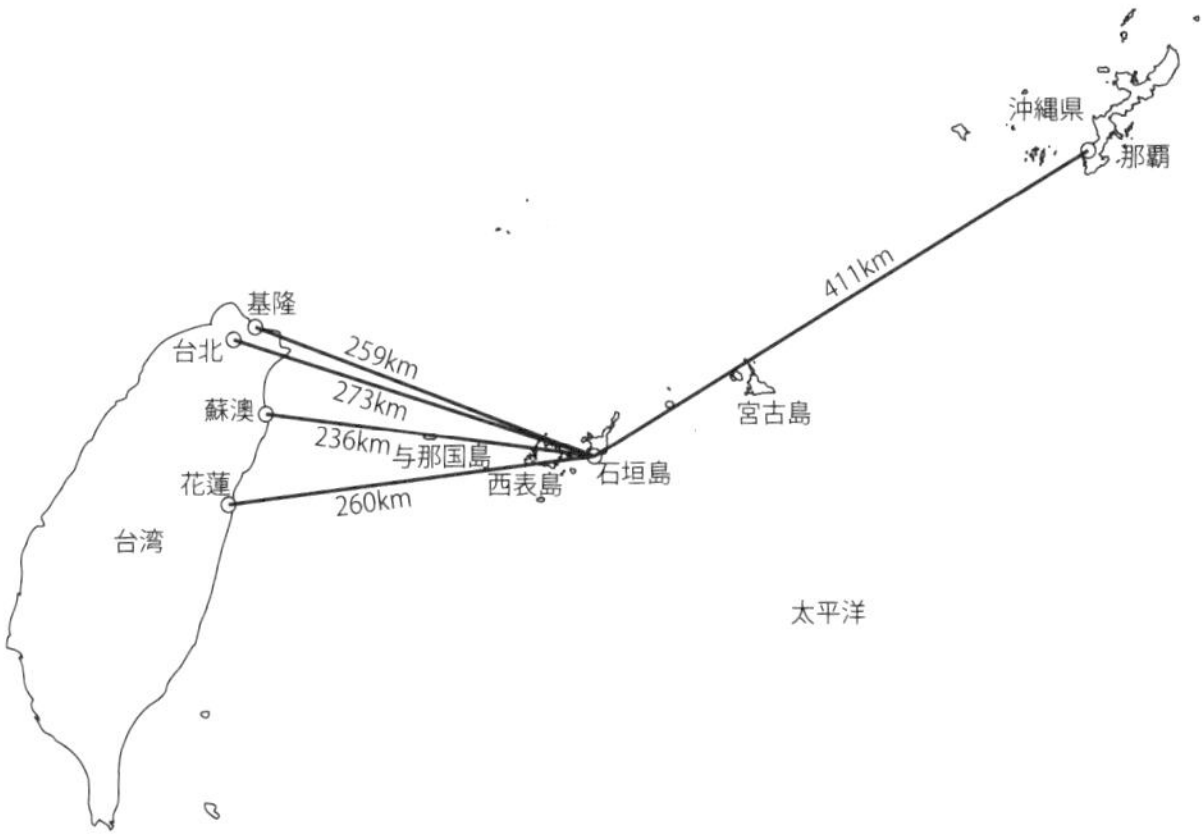

図2－1　石垣島から沖縄、台湾との距離（国永他編　2012：８）

石垣島の地形の特徴は、中央部に沖縄県最高峰の於茂登岳がそびえ、北部は山地が多いが、南部は琉球石灰岩からなる平地が多く、人口が集中している。島内には名蔵川など二級河川が三本流れ、海岸線には珊瑚礁が発達している。気候は亜熱帯海洋性気候に属し、最も寒い一月でも平均気温が一八・六℃、年平均気温が二四・四℃と年間を通じて温暖だ（沖縄総合事務局「石垣島の概要」（https://www.ogb.go.jp/nousui/ishigakijima/240122_3　二〇二四年八月一八日閲覧）。

　石垣市の総人口は四万九八三六人、総世帯数は二万六五四〇（うち、外国籍人口が九四五人、七七三世帯）となっている（石垣市ホームページ　https://www.city.ishigaki.okinawa.jp/material/files/group/1/2024jinkou07.pdf（二〇二四年八月一二日閲覧）。そのなかで、台湾系移住民がどのくらいいるのかは、正確な数字はよくわからない。森田（二〇一五：三六）によれば、約一〇〇世帯、関係者は約六〇〇人いるという。また、同論文内で琉球華僑総会八重山分会の会員数は二〇〇名と記述されている（森田二〇一五：四五）。論文の刊行年から推測すれば、二〇一〇年代前半の数字と推測できるだろう。しかし、いかなる条件を満たしている人が台湾系移住民なのか、あるいは誰が自身を台湾系移住民（名乗り方としては「華僑」や「台湾人」など）と自認するのか、正確な人数を割り出すことは不可能だ。その理由は、現在では多くの人が帰化して日本国籍を持ち、またいわゆる日本人と結婚している人も多い。その子どもたちになると、さらに自分のアイデンティティは複雑だろう。彼らは日本風の姓名を持ち、日本的な生活様式も身に着けている。また、過去に差別を受けた経験から台湾にゆかりがあることを表に出したがらない人も一定程度いる。他方で、日華断交以降中華民国のパスポートで来日し、石垣に定住するようになった台湾系の人もおり、一口に台湾系移住民と言っても移住のバックグラウンドはさまざまだ。

なお、台湾系移住民の移動の潮流については、金城（一九七七：二一七）(1)は、①昭和六年頃から名蔵地区で大日本製糖会社社有地を借りて耕作した人々、②昭和一〇年頃から大同拓殖とともに名蔵、嵩田地区に入植した人々、③明治四一年頃から西表島に炭坑労働者として入った人々、④米軍統治下で技術導入の形式で入植した人々の四つに分類している。森田（二〇一五：三六－三七）は①戦前の西表島の炭坑労働者、石垣島での商業従事者、②戦前の自作農としての農業移住、③戦前の大同拓殖に関係する移住、④戦後の農業移住、⑤一九六〇年代を中心とした技術導入による移住の五つに分類している。なお、両者とも本書で後述する技術導入以降についての言及はない。

2 パイン産業を通じた八重山への台湾系移住民の移住と定着

本書の舞台となる八重山諸島は、古くから人とモノの往来、移動が盛んであった。たとえば、近世では、耕作が困難な島々から石垣島や西表島、与那国島、小浜島などへの通い耕作が行われていた。本書で主に取り上げる石垣島への台湾系移住民の入植の舞台である島の中央部、於茂登岳とパンナ岳のあいだに位置する名蔵平野と呼ばれる場所もさまざまな系統の人々が往来している。金城（一九八八：二八―三四）によれば、旧名蔵村は一七七一（明和八）年の明和の大津波とマラリアで衰退していたところ、一八九一（明治二四）年に沖縄県によって開墾が主導され、それに呼応した徳島県人の中川虎之助が中心になって農業労働者が内地から集められ、開発された。しかし、この事業は失敗し、一九一六（大正五）年には、廃字となった。入植者たちのなかには帰郷した者もいたが、石垣市街地に移住して商業に従事した者も少なくない。中川らの入植の失敗の後、この地に入ってきたのが台湾系の移住民だ。さらに、戦後になると、沖縄では引き揚げ者の帰還により人口が増えて食料不足になり、また基地に土地を接収された沖縄本島の特に中部・北部の人々や、宮古島の人々が移住してくるようになったという（金城　一九八八：五二―五五）。このようなことから、石垣島の人々はしばしばこの島は「合衆国」（三木　二〇一〇）だと語る。

なお、本書では石垣島を中心に論じるが、実際には台湾系の移住民たちのなかには、他の八重山の島々にも移住、居住経験がある人もいる点を指摘しておこう。また、台湾系の人々の歴史、重要な生業であったパイン栽培や加工業については、文献やインタビューに基づく著作、自伝的著作、論文などがすでに相当数出版されている。本書では紙幅の関係もあり、本書の考察にとって必要最低限の記述だけにとどめたい。興味のある読者は是非、林（一九八四）、松田（二〇〇四）、国永他（二〇一二）、廣本（二〇二四）などを手に取っていただきたい。

2―1　戦前における台湾から石垣島への移住とパイン産業

台湾は一八九五年日清戦争の結果日本に領有された。そして、台湾から八重山地域への人の移動は、植民地主義の下、日本の資本主義的開発の労働力としての期待を担うことになった。三木健（二〇一八）によれば、遅くも一九〇八（明治四一）年には、西表島の八重山炭鉱汽船の坑夫として台湾人二五〇人が動員されていたという。西表島では日本の第二次世界大戦敗戦までさまざまな事業主による石炭採掘が行われ、日本国内だけではなく植民地台湾からの労働者も、また大正期以降人数は少数ながら朝鮮半島出身者も働いた。彼らは、半ば騙されるようなかたちで連れてこられ、非人道的な条件の下で働かされた。

一方石垣島への台湾人の集団的な移入については『台湾日日新報』の一九三三（昭和八）年一〇月二一日の記事によると、前年の三二（昭和七）年に一〇〇名の台湾人が来島して組合組織を作って字名蔵で石垣町有の数十町歩の開墾をし、良質な米を作ったと報じられている（「台湾からの移民　沖縄で開墾事業　西表島では七十余町歩を石垣町でも数十町歩開墾」漢珍知識網　https://elib-infolinker-com-tw.kras.lib.keio.ac.jp/cgi-bin2/Libo.cgi?　二〇二四年一一月三〇日閲覧）[2]。

また、パイン栽培において石垣島への台湾人の入植と定着に多大な貢献をした林発によれば（林　一九四八：六―九）、一九三三（昭和八）年に曹清権が台湾から石垣島の嵩田地区に移住した時にたまたまパイン試植の跡を見つけ、種苗六〇本を嵩田に移植栽培したところ発育良好であったため、八重山でのパイン栽培は有望と考え、台湾の業界に報告し、来島を呼びかけたという。それに林発、謝元徳、誉益候などが応じ、石垣島でパインの栽培を始めたのだという。

その背景には、当時の台湾では、植民地の統制経済政策の一環として台湾に乱立していた七五社のパイン会社が統合され、台湾合同鳳梨缶詰株式会社が設立されたことが関係する。当時は被支配者の台湾人の意向を通すことは難しかっただろうが、統合の方法として中小の業者は工場の丸ごと買い上げを主張した。身売りすれば、他の地域でパイン産業を興すなり、転業するなりが可能だと考えたからだという（林　一九四八：七－九）[3]。また、石垣側の事情としては、一九二九（昭和四）年に嵩田耕地組合が結成され、沖縄振興政策に基づいて補助金を受け、石垣、大浜の町村有地一五〇町歩を借り受け、茶の栽培を始めた人々がいたが、暴風雨と季節風、マラリアなどの障害により事業が中断したという。その打開策として台湾から農民を移住させることを考え、台湾の関係機関や新聞広告を通じて営農技術者の誘致が計画されたのだという（林　一九四八：二〇－二二）。

これらのことから考えると、台湾人農民の石垣島への移住は、台湾側におけるパイン会社の統合による事業の喪失というプッシュ要因と、開拓の人員とノウハウに難があった石垣島のプル要因の結果ということになり、いわゆる華僑華人研究で指摘される典型的な移民の出現条件に合致している。

林発らは、日本の植民地主義の犠牲になりながらも、自らの新たな発展を石垣島でのパイン栽培に託す決断を下した。そして、一九三五（昭和一〇）年に大同拓殖株式会社を石垣に設立した。役員には地元民も含まれていたが、資本はほとんどが台湾出身者の出資によるものだったという。大同拓殖は、パイン以外にも、黒糖製造を行ったり、茶園の管理や製茶を行うため台湾から技術者を呼び寄せたりしたが、キビ作技術に難があったり、暴風雨と季節風などの頻繁な襲来などの理由で成功せず、結果的にパイン生産に集中することになった（林　一九八四：二〇－二二）。

大同拓殖は、小作人として移民と契約を結び、パインの種苗と肥料、生活費を貸し付け、無償で土地を貸し付け、住宅建設にも当時のお金で五〇円を支給した。このことにより、台湾の南投（日本時代の能高郡）と員林（同台中州員林郡）から合計五五戸、三三〇人が入植したという（林一九八四：三三一‐三四）。事業は順調に成長し、大同拓殖設立から五年後の一九四〇（昭和一五）年には、収穫面積一五町歩、缶詰六〇〇〇箱（三号缶）[4]が製造された（林　一九八四：五五）。

しかし、一九四一年に太平洋戦争が開戦すると、石垣島にも日本軍が駐留し、当時物珍しかったバナナやパインが手当たり次第に荒らされた。パインを詰める空き缶が手に入らなくなり、また、政府からの度重なる物資統制の命令により、パイン製造ができなくなり、陸稲、甘藷に改作せざるをえなくなった。そんななか、林発は軍からの命令で台湾に決死の覚悟で物資調達にでかけたのだが、その間に大同拓殖のパイン工場は解体され、農園も荒れ果て、再起不能となり、自然消滅したという（林　一九八四：五五‐八七）。ここに、台湾系移住民が中心になって心血を注いだパイン事業は一旦終止符を打ったのである。

2‐2　台湾系移民の出身地

では日本植民地期の台湾から石垣島には台湾系の人々はどのくらい入植してきたのだろうか。上記の林（一九八四：三二）によると、おそらく一九三七年以降のことと思われるが、大同拓殖が台湾でパイン栽培技術者を募集し、また、大日本製糖会社の社有地を借りて陸稲やサツマイモ澱粉を製造する人などが自由民として六〇〇名入植したと記されている。また、林（一九八四：五九－六〇）の記述の文脈から推測すれば、太平洋戦争が始まってから後の可能性があるが、パイン栽培を目的とした台湾出身者は、嵩田に五八戸、名蔵に二八戸、計八六戸、四五〇名、と記されている。(5) ただし、入植した人々がすべて石垣島に定着したとは限らない。当時は、マラリアで死亡する人も少なくなく、一時滞在の末、将来の希望を見出せず台湾や他の地域に移動した者や転業した者もいた（林　一九八四：九）。

戦前、植民地時代の台湾出身者の人口動態については、松田良孝（二〇一三）の研究に詳しい。(6) 松田は、石垣町登野城、登野城嵩田、名蔵の三点の寄留簿をもとに、一九三三年二月一三日より一九四五年七月一六日のあいだの転入、出征、転出、死亡などの人口動態を把握している。転入（三九六人）と出生（六一人）が計四五七人、転出（四人）と死亡（二一人）が計二五人で、名蔵嵩田地区の台湾系移住民の終戦時の人口は四三二人、最多だったのは、一九四五年六月二五日の四三三人だという。この数字は上記の林の数字とは差があることを松田も指摘している。寄留や退去の届け出がどの程度厳格に行われていたのかが疑問視される数字かもしれない。特に、松田も指摘しているが、太平洋戦争の戦況が厳しくなるにつれ、多くの人が台湾へ引き揚げた（林一九八四：八一、小熊　一九八九：五七二、嵩田公民館記念誌編集委員会　一九九六：一）という証言があることからも、転出四人という数字と証言とのあいだの乖離がうかがわれる。戦況の悪化のもとでは、転出届の提出や受理が厳格にできなかった可能性もあろう。なお、移動人口の経年変化という点では、転入者が最も多いのは一九三九年の一一八人で、翌四〇年が八三人、四一年が六九人と、この三年間がピークだったようだ。

さて、数字の不正確さの可能性を踏まえたうえ、それでも興味深いのは、彼らの出身地の分布だ。松田の分析によれば、転入者と出生者の出身は、日本統治時代の州別では、台中州が八六・七%と集中している。現在の市県別では、最も多いのが彰化県の五一・九%、次に南投県の一五・八%、旧台中県（現台中市の一部）が一二・〇%となっている。つまり、石垣島への台湾系移住民の出身地は、台中、彰化、南投という台湾の中西部に集中していると言える（図2－2）。南投と員林（台中州員林郡、現彰化県員林市）からは合計五五戸、三三〇人が入植したという（林一九八四：三三二－三三四）。

日本時代の台中州からの入植が八割以上を占めた理由は、林発が台中州の豊原の出身であったことが大いに関係しているだろう。林発は、一九二七（昭和二）年に能高郡埔里街（現在の南投県埔里鎮）にて能高自動車商会を経営していた（林　一九八四：奥付）ことから、埔里にも土地勘があったと思われる。林は台湾からパイン栽培小作農を入植させるために南投山頂（現在の南投市福山里、鳳山里、鳳鳴里、永興里と思われる）[7]の林新招なる人物に入植者を募らせたという（林

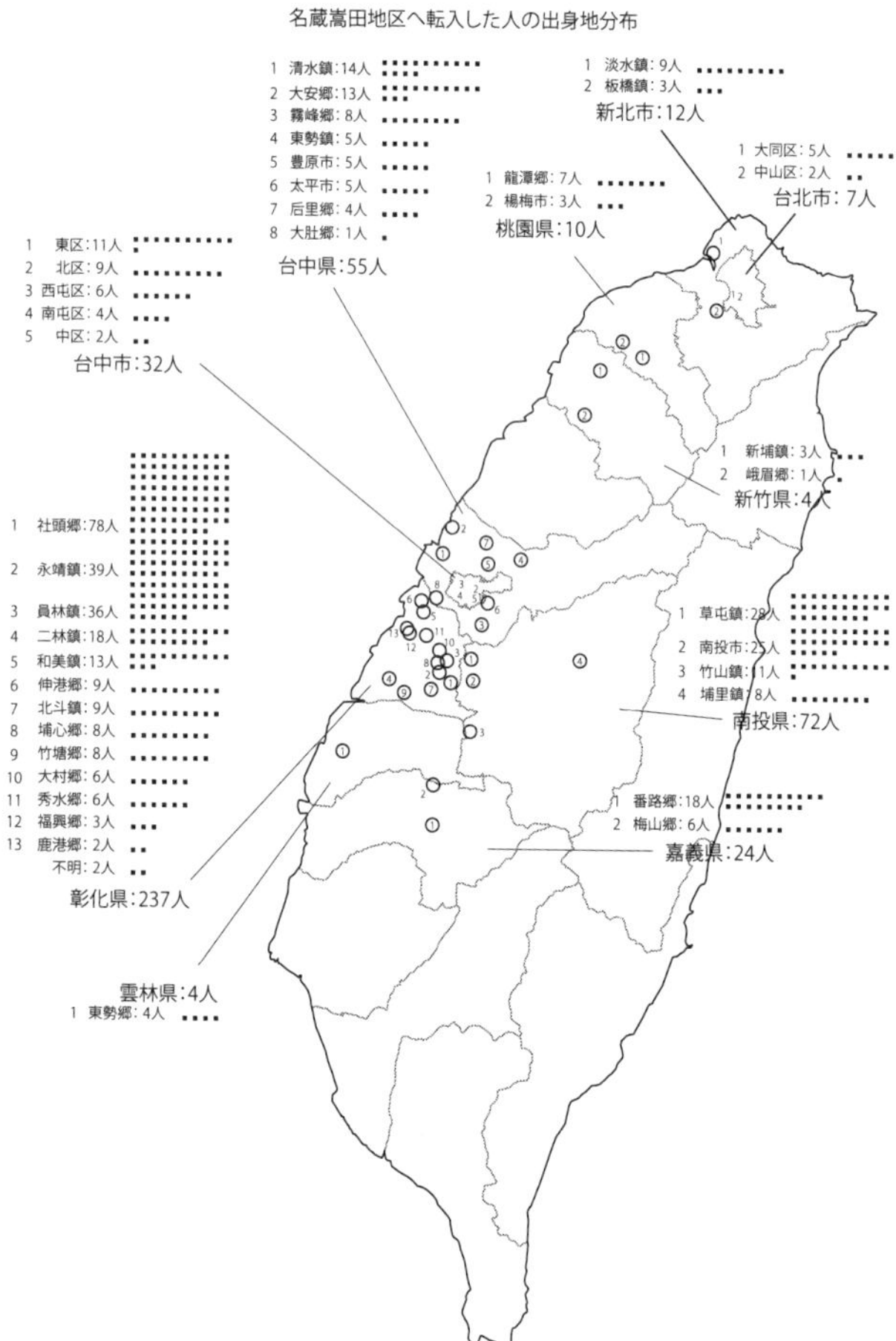

図2－2 名蔵嵩田地区へ転入した人の出身地分布（出典 松田 2013：9）

一九八四：二三二）。以上の経緯を見ると、台湾から石垣島への移動のあり方は、華僑華人研究でしばしば指摘される「連鎖移民（chain migration）」と類似したパターンが見受けられる。連鎖移民とはある人が移動した後、その人の縁者を呼び寄せていくパターンが連鎖していくことを言う。華僑華人の場合、この鎖になるのは、同姓（親族のつながり）であったり同郷や同業のつながりであったりする。石垣島の移民の場合も、地理的な近接性が関係していることがわかる。

2-3　戦後のパインブーム

戦後直後の石垣島では、まずは米と芋などの日常の糊口をしのぐ農産物の生産が急がれたが、次第にサトウキビなどの生産も始まり、台湾系住民たちのあいだでパイン栽培の夢がよみがえったという。戦時中に台湾に疎開していた人々のなかにも石垣島に戻ってくる人もいた。林発は、ハワイで長年パイン栽培をしてきた大城満栄と大同拓殖でパイン栽培の経験があった廖見福と協議し、パイン栽培に乗り出した（林　一九八四：九四）。

その後、一九五一年には本土との貿易が許可され、五二年には琉球原産物資が本土に外貨制限を受けずに自動承認で輸出可能になるなど、パイン缶の本土への出荷の環境が整っていった（林一九八四：九六－九九）。パイン栽培は、台湾系移住民が中心となって、戦後の沖縄県内を中心とした島外からの開拓移民のなかにも生産に取り組む人が増えた。一方パイン缶の生産も一九五五年の琉球缶詰、南琉農産加工の操業に始まり、一九九六年に最後の一社の宮原食品が生産を打ち切るまで、多い時は七〜八社の工場が操業していた（新井・永田　二〇〇六）。一九五〇年代末から一九六〇年代末までは石垣島ではパインが基幹産業と言ってもよい時代だった。

戦後の石垣島におけるいわゆる「パインブーム」に関係する研究はすでに数多あるため、本書では詳細に立ち入ることは控えるが、本書の目的との関連で検討したいのは、「土地」と「華僑」という二つの点だ。以下では一つずつ見ていきたい。

2-4　土地へのこだわり

まず、戦後の台湾系移住民の「カード」地区移住について取り上げたい。戦争中に台湾に疎開していた台湾人のなかには、生活の基盤が八重山にあるため、戻ってくる人々がいた。上述の林発も戦後戻ってきている。また、台湾に戻らず石垣で終戦を迎えた人々もいた。彼らが直面したのは、刻苦精励して築き上げてきた生活の基盤の崩壊だった。大同拓殖が破壊されたことはすでに述べた。また、彼らは石垣の人々から「日本は戦争に負けたんだ。台湾人は台湾に帰れ」とののしられたのだという（松田　二〇〇四：七九-八〇）。台湾人からすれば、戦前日本の臣民として入植していたため、八重山への移動は台湾からの帰還という感覚だったかもしれないが、八重山の人たちから見ると、敗戦後の日本は台湾を手放したため、もはや外国人に見えたのだろう。

戦前期、台湾系の移住民たちは勤勉で、水牛などの農作業の効率化に資する家畜やクルバシャーのような農工具（松田　二〇二二）を持ち込んで地元民より少人数でも効率的に開墾、栽培を行っていたために、しばしば両者のあいだに摩擦が起こっており、地元民からすれば台湾系移住民を排斥する風潮があった。そこで当時の台湾系の移住民は、地元に受容してもらうために、「台友会」という組織を立ち上げた。

台友会とは、一九四〇年に設立された組織である（国永他編　二〇一二：一三五）。林（一九八四：五二）によれば、その設立の趣意は「会員の融和と団結をはかり、八重山産業発展の為に全力を尽す」であった。会則の内容は、一言で言えば地元民との友好を深めることで、決して暴力沙汰を許さず、万が一発生した場合には、会長が責任をもって事件の解決に当たることや、不法行為をした会員の説諭、説諭に応じない場合の警察への通報、場合によってはそのような会員の追放処分などが明記されている。また、年一回の総会に、関係当局や市町村長、議員、部落会長、学校長その他地元の有力者を招待し、大同拓殖のパイン栽培、加工状況や移住民による営農技術発表および農作物の展示などを通して、地元との意思疎通、交流の機会を設けることや、移住者の為に夜間講習会を開いて標準語や礼儀作法、風俗習慣を教えることも定められており、この会が地元との良好な関係を維持することや移住民の地元への適応を重視していることが読み取れる。

台友会の会則に暴力沙汰の禁止や解決方法についてわざわざ記載しているのは、暴力沙汰に至るような事態あるいはムードが当時深刻さを増していたからと思われる。それは、地元民がやっかみを感じかねないほど台湾人農民の勤勉さや生産効率の高さがあり、土地を奪われる危機感を持ったことが関係していた。そうした騒動のなかでも最も有名で、今でも人々の口の端に上るのがいわゆる一九三九年の「薪取り事件」である。当時、台湾人農民が焼畑のために伐採しておいた薪を地元民が持ち出そうとしてしばしばトラブルが発生していた。台湾人農民からすれば、奪われそうになった薪を守るための自衛行為だったが、この時林発は、町民に対して乱闘になったことを詫びつつ、次のように述べたという。

「台湾人と云えども、陛下の赤子であり、今や日本国民南進政策により、台湾を南進基地として、本土は勿論、当八重山からも数多くの人が行って居り、台湾人、沖縄人とも同胞である。国民が一体となって、外敵に当るべきこの時に、当八重山に於いて、多数の民衆が善悪を問わず、紛争することは国内のみならず、世界中の人々からの笑いものにされる。それに万一、八重山における台湾人に危害を加え、死に至らしめる事が不幸にして起ったとすれば、その家族が台湾に在住している沖縄人に対し、同様な報復手段をとらないとも限らない。全力をもって事件を阻止すべきことを主張した。」林（一九八四：四二）

しかし、それでも地元民の台湾人への暴力は収まらず、市街地に買い物に行った台湾人が地元民に袋叩きにされる事件が続発したという。そこで林発ら台湾からの入植者の幹部たちが立ち上げたのが台友会であった。台友会は、地元とのトラブルを避けるために、暴力を厳しく禁止するとともに、入植者たちが天皇の赤子と名乗るのにふさわしい言語、礼儀作法、風俗習慣を身に着けることを会則のなかに書き込んだ。帝国主義下の当時は、「日本は一等国民、沖縄は二等国民、台湾は三等国民」（金城　一九八八：四〇）という差別があったため、台湾からの移民たちは、理不尽だと思うことがあったとしても地元とのトラブルを避けるために、積極的に日本帝国のイデオロギーを取り入れ、地元との融和を図ったと言えよう。

戦後に話を戻すと、日本が敗戦し沖縄が米軍下に置かれると、日本人の範疇から外れた彼らは、石垣に暮らす根拠がぐらついた。そのなかで、「カード地区」と呼ばれる地域への台湾系移民の移住が始まった。「カード」とは、嵩田地区から現在の名蔵ダムの当たりの地域で、「名蔵川の中流域から上流域の称。於茂登岳の西南方に位置する山間の地」を指す（石垣市総務部市史編集課一九八九：六二）。嵩田公民館記念誌編集委員会（一九九六：四－五）の年表によれば、一九四七（昭和二二）年に「民政府によりカードへ移住始まる」とあり、五一（昭和二六）年に「カード移住完成により、美和部落完成。（群島知事により美和部落と命名）」と記されている。また、戦後台湾出身者は公民権をなくしたため、戦前に開拓した石垣町から借りた土地を返さなければならず

(8) (9)

（嵩田公民館記念誌編集委員会一九九六：二三）、民政府はその代わりにカードを中心にした嵩田の二〇町歩の土地を、公民権をなくした台湾の人たちに一戸あたり四反歩ほどを貸し付けたが[10]、石ころだらけの土地で、借り受けを拒否する人もいて、実際にはもっと多く割り当てられた、とも書かれている（嵩田公民館記念誌編集委員会一九九六：二）。

この記述に関係することとして、林発は、台湾から引き揚げた八重山の人たちに大日本精糖会社社有地と大同拓殖の開拓地を割り当てるために、台湾人にカードの市有地が貸し付けられることになったと記している。また、大戦時に西表の古見部落にいた廖見福が終戦後石垣島に引き揚げてきて土地が欲しかったため、政府の提案に乗ったという。そこで、林発は知事、副知事に厳重に抗議の上、引っ越しはするものの、土地は開墾費を弁済し、家屋などの建築物を完全補償するように要求したという。また、廖見福には、新開地にはパインが適していることからパイン栽培を特に勧めたという（林　一九八四：二三二－二三四）。

一方、廖見福氏の長男の福本秋雄（一九三一年台湾生まれ。七歳の頃嵩田に移住）氏は、当時のことを次のように説明している。

「戦後しばらく名蔵で芋を作っていたが、石垣の方もみんな疎開から舞い戻っていらっしゃったし、けっきょく開発された平地である名蔵を石垣の方に明け渡そうと、役所と親父なんかと話し合って、じゃあカードの山を解放しようと。交換条件。名蔵を放棄して山に行くことになった。……あの当時はあの山を開拓するなんて沖縄の人には無謀に見えたと思いますよ。しかし、僕らには山の中でもやっていけるという自信がありました。将来性としては山に限ると、そう思っていたですよ。バナナはできるし、パインはできるし。」（はいの朓編　二〇一二：一二〇）(11)

また、「反対する方もおりましたよ。茶山のあたりで点々とやってる方たちはそこに落ち着いていましたから、何名かはカードに入らなかったんではないですかね。強制ではなかった。」（同一二〇頁）とも述べている。

また、やはり廖の息子で福本秋雄氏の弟である島田長政氏（一九四五（昭和二〇）年生まれ）は次のように回顧している。

「戦前にそれだけ台湾人と軋轢を起こしたもんだから、台湾人をよく思わない八重山の人たちも圧倒的に多いわけだから、要するに隔離だ。その人らが中心になって台湾人を、もちろん台湾人によくしてくれた人もたくさんいたけど、だけど圧倒的にな。それで台湾人はこっちの原生林に入植しろって。全部こっちに追い込もうとしたわけ。これに賛同したのが俺の親父。

追い込まれようっていうのに率先的にのったのがうちの親父。それに乗っかったんだよ。なぜかというと、結局な、公民権を失ってるさ。それで名蔵の土地にいたら、そこは（大日本製糖の）社有地でしょ。それで公民権なし財産権なし、将来ここにそのままおっては、自分なんかの身分が宙に浮いてしまう。それなら、こっちに苦労しても入ってきて、市有地を開墾して、市有地を払い下げて、財産権を取れば安泰だっていうことで。みんなを説得してここに入れたんだよ。これには賛否両論あるけど。だからうちの親父を恨んでいる人もいる。だけど感謝している人もいる。」（廣本　二〇二四：一六〇）

「強制ではなかった」ということについては、石垣島で昭和一三年に生まれた二世のＫＴさんは、開拓が軌道に乗らないと元の土地を手放せないから、結果的に移住しなかったということになった人もいたのではないか、と述べている(12)。

上記のいくつかの証言から見えてくるのは、引揚者に土地を渡すというかたちでの現地との摩擦回避と、将来的に開拓地を自己所有するという希望を持っていたということ、つまり、現地に定住する意思を持っていた姿である。しかし、カード地区は大きな岩石が多く、開墾には非常な困難が伴ったとも言う。他方、カードへの移動が強制ではなかったという証言もあったことから、移動しないままの定着の可能性も残されていたと考えられる。いずれにしても、台湾系の人々は、戦前の台湾における植民地政府や移住後の石垣の統治者により何度も生活の基盤を奪われながらも、現地との過度の摩擦を避けつつ生活の基盤を「ここで」作り直すという主体的な土着化を選択したと言えそうだ。戦前に台湾からの移住経験があってそのまま戦後も石垣島に残った人々や、戦中の疎開を経て戻ってきた人々は、戦争を挟み、日台のあいだに国境が引かれたなかで台湾に戻るのではなく、戦前に苦労して耕作した土地を手放してでも新たな開拓を試みて、土地を所有したいという主体的な選択をしたと言えるだろう(13)。

2-5 技術導入と「華僑」

林発は、戦後沖縄のパイン産業を発展させるため、先進地台湾のパイン栽培管理および製造技術を研修させる必要を感じ、工場職員やパイン生産者を台湾に送り出した。その結果、台湾からの技術導入を考え、労働局と折衝して一九六二年に三七名をテストケースとして導入した。その成果を受けて、沖縄の各工場は台湾工員の導入のメリットを知り、一九六四年に二七人、六五年に六二名、六六年に一九〇人、六七年に三〇〇人、六八年に七〇〇人、六九年に二二〇人が導入された（林　一九八四：一三七）。しかし、台湾から沖縄に出稼ぎが流れると台湾のパイン産業の発展が阻害されるという理由（林　一九八四：一三七）で、台湾側からの反発もあった。そこで、林は、八重山華僑会（ママ）の会長として、国府（中華民国政府）に対して、中琉親善の建前から台湾人工員の沖縄向け技術導入の援助をすべきと説いた（林　一九八四：一三八）。つまり、林は、自分たちが華僑であるから、中琉親善のためには国府が援助すべきと主張した。そこには、琉球をめぐる国府とアメリカの微妙な関係が背後にあったという。当時国府は、琉球を日本の領土として認めていない。しかし、アメリカによる沖縄占領は日本への復帰が前提となっていた。そのため、国府の主張を押せば、中国との対抗における後ろ盾としてのアメリカと摩擦になる。林らが華僑と主張したのは、この矛盾を表面化させないための手段でもある。他方で、華僑支援は国府にとっても海外の同胞の国府支持を取りつけるうえで正当な理由づけとなった。林たちは、こうした国際情勢のなかで、華僑という看板をパイン産業のために利用したと言える。(14)

ところが、これはブーメランでもあった。当時はちょうど一九七二年の日華断交が近づいており、国府は、移民が中華人民共和国籍に変わるのを恐れ、日本在住の台湾人が日本に帰化することを容認した。その結果彼らは日本人としての権利を得ることができたが、華僑論理を使えなくなった。国府側も彼らを中華人民共和国国民にすることを防げたが、華僑を使った琉球工作ができなくなった（八尾　二〇一〇：二四九）。日本での定着を有利に推し進めるための華僑という一種の方便は、結果として八重山の台湾人の脱華僑化を促進したと言える。

3　多業種に展開した台湾系移民

ここまで、パイン栽培と加工に重点を絞って台湾系移住民を検討してきたが、移民のすべてが農業者というわけではない。石垣島の市街地にも台湾系移住民は入ってきている（小松　二〇一八）。たとえば、市街地で中華料理屋を開いていた人のなかに、技術導入でやってきた人もいる。Kさん（一九七二年生まれ）によれば、台北出身の父が一九六八年頃に技術導入のビザで沖縄本島に移住し、料理人として働いたが、沖縄の日本復帰後石垣島の中華料理店に雇われたという。小学校五年生のころ父が独立し市街地に中華料理屋を立て、一時は二軒経営していた[15]。

また、技術導入で入ってきた人が家族を呼び寄せたときに市街地に家を構え、食堂を経営したという事例もある。LSさん（一九五〇年生まれ）の父は一九五八年頃に技術導入の名目で石垣に入り、パインの技術指導をした。生活の基礎ができてから一九六四年頃家族を呼び寄せた。LSさんもこの時石垣島に移住したという。母はこの時調理師免許を取得し、市街地で食堂を開業したが、まもなく父が亡くなったため、その後母が三〇年にわたって食堂を経営しながら子どもたちを育てた。食堂では、餃子、ちまき、大根餅などの台湾の料理や、焼きそば、みそ汁なども出しており、お客は主に地元の人であったという[16]。

YEさん（一九六四年生まれ）の父は、一〇代後半の頃、当初は与那国島でのキビ倒しの仕事のために技術導入で入植し、そのあと林発に石垣のパイン工場で働かないかと誘われたという。一度台湾に帰ってから再度入国し、石垣が気に入ったため妻と当時五歳くらいだったYEさん、弟を呼び寄せたという。来島当初は、パイン工場の粗末なかやぶきの寮に寝泊まりして苦労したという。その後一九七七年頃に父は叔父（YEさんが石垣島に来る前年に石垣に入っている）と林発の工場のあった場所を譲り受け、自宅と木工所を建てて建設関係の仕事を始めたそうだ[17]。一九七〇年代後半は、ちょうどパイン産業が次第に斜陽化する時期に当たっている。オイルショックで高級品の缶詰めが売れなくなったり、一九七一年に冷凍パインの輸入が自由化されたことで大量のパインがさばけなくなる滞貨問題が起こっており、島内のパイン製造会社が操業を停止したり、工場を他社に売却するといった事態が生まれていた（新井・永田 二〇〇六：三九－四〇）。つまり、パイン関連産業で働いていた人々が転業を余儀なくされていった時代であった。現在青果業を営むYSさんは、小学校二年生の頃（おそらく一九六七年頃か？）に市街地に出てきたという[18]。また同じく現在青果業を営むOSさんによれば、一九七二年頃、一家は市街地に進出し、青果の卸売中心にシフトしたという。この頃に、青果卸売業者は地元民から台湾系移住民に入れ替わっていったという[19]。

　このほか、台湾系移住民の職業として石垣島に特徴的と思われるのが、台湾の服飾品、貴金属、日用品、食材などを売る商店がいくつもあった点だ。そしてこうした商店を経営したり、そこに品物を卸していたのが、主に台湾系移住民の妻たちで、彼女たちは直接台湾と沖縄のあいだで商品を運び売買をしていた。高那（一九九九）[20]によれば、こうした人々は、台湾語で「走水仔《ツァウツイアー》」

（日本語では、運び屋や担ぎ屋等と表記される）と呼ばれていた。彼女たちにとって、日本への帰化を選択しながらも、台湾語や中国語といった言語によって夫とは異なるかたちで移住地での生活を支えた。

高那（一九九九）の研究によれば、運び屋をする人は一九八〇年頃から増え、一九八七年頃までが最盛期で、その後だんだん減少したという。その理由については別稿に譲りたいが、物理的な理由としては二〇〇八年に石垣と基隆を結んでいたフェリーを運航していた会社が燃料費の高騰で倒産した（「フェリー飛龍がきょうで運休」琉球朝日放送報道制作局二〇〇八年五月二八日。https://www.qab.co.jp/news/2008052820001.html（二〇二四年八月七日閲覧））ことから、運び屋の仕事は成り立たなくなってしまった。女性を中心とした台湾系移住民を結びつけていた空間であるフェリーがなくなり、その結果として品物を売り、おしゃべりの場にもなっていた雑貨店も減少した。市街地で筆者が体験することのできた最後の一軒は、コロナ禍の影響を受けて、二〇二一年についに閉店した[21]。

4　クルーズ船観光と台湾系移住民

さて、台湾と石垣島を結ぶフェリーによる運び屋業と入れ替わるようにして台湾系移住民の新たな仕事として登場したのが、クルーズ船による石垣島観光事業である。彼ら彼女らは、台湾や中国からの観光客を専門に扱う旅行社、仲介業、観光ガイドなどで活躍している。

LSさんによれば、石垣島にクルーズ船が入港するようになったのは、一九九七年からのようだ[22]。当初は貨物専用の岸壁を使用していたため、貨物船との時間調整が必要で、また港の水深が浅かったため、七万トン級を超えるクルーズ船は港の沖で泊ったうえで、乗客をテンダーボートで上陸させる必要があった。そこで、これらの課題を解決するために、二〇〇五年に「石垣港新港地区旅客船ターミナル整備事業」が始まった（知念正吉 2020「「石垣港新港地区旅客船ターミナル整備事業」で7万トン級から将来は20万トン級クルーズ船に対応――世界のセレブに恥じない港湾整備を」『建設グラフ』二〇二〇年三月号 http://www.jiti.co.jp/graph/page2003/0314k/index.htm（二〇二四年八月七日閲覧））。

ところで、上記の「推計」によれば、石垣島への観光客数の増加は、もちろんクルーズ船だけが原因ではない。平成二五（二〇一三）年の新石垣空港の開港により、航空便の乗り入れが格段に増大したことは最も大きな要因だろう。前年までの毎年の観光客数の推計は、六〇～七〇万人台であったが、二〇一四年以降は新型コロナ流行期を除いて一〇〇万人を突破するようになった。他方、クルーズ船による観光客数（推計）は、増加しているものの、二〇一四年に一〇万人を突破し二〇一九年に三六万五八三人に達した程度で、空路による一二七万二六九人と比べても三〇%弱を占めるのみである。

とはいえ、石垣島の台湾系住民にとってクルーズ船が重要であるのは、入港する客の多くが台湾からの旅客である点だ。たとえば、二〇一九年を例に三六万人余りのうちの台湾人旅客数を検討してみよう（https://www.city.ishigaki.okinawa.jp/material/files/group/29/2019(h31-R1)cruise.pdf（二〇二四年年一〇月一三日閲覧））。この年は、一年を通して全部で一四六隻の外国船が入港している。つまり、二、三日に一隻の割合だ。このうち台湾[23]からのツアー客がどのくらいいるかは正確な人数はわからない。石垣市役所で確認したところ、石垣島に上陸する観光客の国籍の統計を取ってはいないという。そこでとりあえず、目安とするために、出航地が台湾である船の乗客を台湾人とし、また乗船定員一杯に客が乗っていると仮定して参考にする。横浜や神戸から乗船する客のなかにも一定程度台湾からの客がいる可能性があるが、どのくらいの割合を占めるかがわからないため外しておく。

たとえば、二〇二四年七月の場合を見てみよう（表2－1）。入港予定だった船は一四隻、うち三隻は台風でキャンセルになったため、実際に入港したのは一一隻だった。うち台湾（基隆、高雄）が出発港、帰着港であるのは一〇隻で、残りの一隻は中国（蛇口）であった。台湾発着の一〇隻についてみると、石垣に停留している時間はおおむね八時間から一一時間程度である。台湾からの船は、石垣と往復するもの以外に、那覇にも寄港するもの、また少数ながら平良によるものがある。なお、台湾、中国以外から来る船は二〇二四年七月は一隻のみで、実際には台風で

表2－1　2024年７月石垣港クルーズ船入港予定表

出典：2024年石垣港クルーズ船入港予定表（https://www.city.ishigaki.okinawa.jp/material/files/group/29/24cruise20240819.pdf　2024年９月６日閲覧）より筆者作成

	入港月日	入港時刻	出港月日	出港時刻	船名	総トン数	定員	航路	欠航
1	7月1日	7:00	7月1日	17:00	Norwegian Spirit	75,904	1,996	基隆―石垣―那覇―基隆	
2	7月6日	7:45	7月6日	16:45	Norwegian Spirit	75,904	1,996	基隆―平良―那覇―石垣―基隆	
3	7月9日	10:00	7月9日	18:00	Norwegian Spirit	75,904	1,996	基隆―那覇―石垣―基隆	
4	7月10日	9:00	7月10日	19:00	MSC BELLISSIMA	171,598	4,500	蛇口―石垣―蛇口	
5	7月11日	7:00	7月11日	17:00	Norwegian Spirit	75,904	1,996	基隆―石垣―那覇―基隆	
6	7月12日	11:00	7月12日	20:00	Costa Serena	114,261	3,780	基隆―那覇―石垣―基隆	
7	7月14日	7:00	7月14日	17:00	Norwegian Spirit	75,904	1,996	基隆―石垣―那覇―平良―基隆	
8	7月15日	13:00	7月15日	21:00	Costa Serena	114,261	3,780	基隆―那覇―石垣―基隆	
9	7月20日	12:00	7月20日	21:00	Resorts World One	75,338	1,856	基隆―石垣―基隆	
10	7月22日	8:00	7月22日	17:00	Costa Serena	114,261	3,780	基隆―石垣―那覇―基隆	欠航
11	7月23日	9:00	7月24日	18:00	The World	43,188	200	オーストラリア―ニュージーランド―ソロン（ママ）諸島―メラネシア―ペルー―韓国―日本―東京―石垣―基隆―中国	欠航
12	7月27日	11:00	7月27日	19:30	Norwegian Spirit	75,904	1,996	高雄―石垣―那覇―高雄―基隆	欠航
13	7月27日	11:00	7月27日	22:00	Resorts World One	75,338	1,856	基隆―石垣―基隆	
14	7月30日	13:00	7月30日	21:00	Costa Serena	114,261	3,780	基隆―那覇―石垣―基隆	

キャンセルになっている。石垣市の企画部観光課の担当者の方によれば、欧米の観光客の場合には、定員数が少なく、高齢者の乗客が多いが、台湾、中國からの船の場合には、比較的安価な価格設定で、企業や友人のグループや、祖父母の代から孫の代まで一家総出の大家族など、多くの人数の旅客を乗せてくるのだという。

次に、クルーズ船で石垣観光に来た外国人の数を船の定員から推測すると、表2－1に基づけば、台湾からの客が一万五〇三二人、中國からの客が四五〇〇人、その他はゼロである。これらのことから、クルーズ船観光の主要な観光客は台湾人であることがわかる。

表2－1からもわかるように、台湾人が乗る船は、最大のもので三八〇〇人弱の定員となっている。では、台湾人が定員いっぱい渡航し石垣島に上陸するとすれば、どれだけのバスとガイドが動員されるのだろう。もし大型バスの定員を一台五〇人とした場合で計算すると、七六台となる。しかし、実際には大型バスだけではなく、家族旅行など少人数の集団の場合には、タクシーやレンタカーなどの乗用車、小型のバスも使われている。通訳については、石垣島在住の台湾系の人で中国語やその方言が使える人は二〇数名だそうで、他に中国出身者が一〇名弱だという。運転手も通訳も不足する人員は、那覇や福岡から応援要員が派遣されているという。

ただし、クルーズ船観光には季節変動があることも指摘しておきたい。表2－2から作成した二つの図のうち、図2－3は二〇一二年～二〇一九年までの寄港したクルーズ客船数の推移、図

表2－2　2012年～2019年までの寄港したクルーズ客船数（月別）（https://www.city.ishigaki.okinawa.jp/material/files/group/29/cruise(zisseki)2012~2019.pdf　2024年９月６日閲覧）

月	寄港回数（回）								合計
	2012	2013	2014	2015	2016	2017	2018	2019	
1	1	0	0	1	1	8	7	9	27
2	2	2	4	0	9	9	6	8	40
3	3	3	0	6	13	15	8	10	58
4	9	11	10	12	9	14	16	9	90
5	9	10	12	9	11	8	21	15	95
6	4	7	9	10	8	14	9	16	77
7	11	8	7	7	6	14	10	12	75
8	5	7	9	7	9	16	8	16	77
9	4	9	13	9	8	7	7	16	73
10	4	6	8	10	9	11	4	18	70
11	0	0	0	8	5	9	8	13	43
12	0	2	1	5	7	7	3	6	31
合計	52	65	73	84	95	132	107	148	756

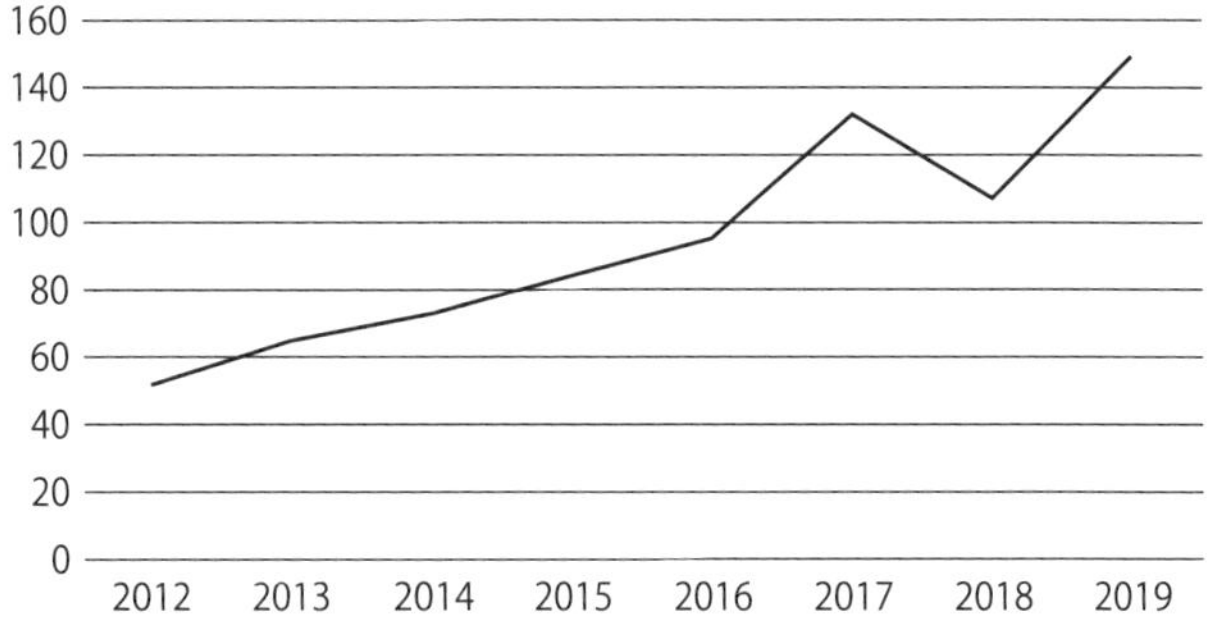

図2－3　2012～2019年クルーズ船寄港数推移（2012年～2019年までの寄港したクルーズ客船数より作成。（https://www.city.ishigaki.okinawa.jp/material/files/group/29/cruise(zisseki)2012~2019.pdf 2024年９月６日閲覧）

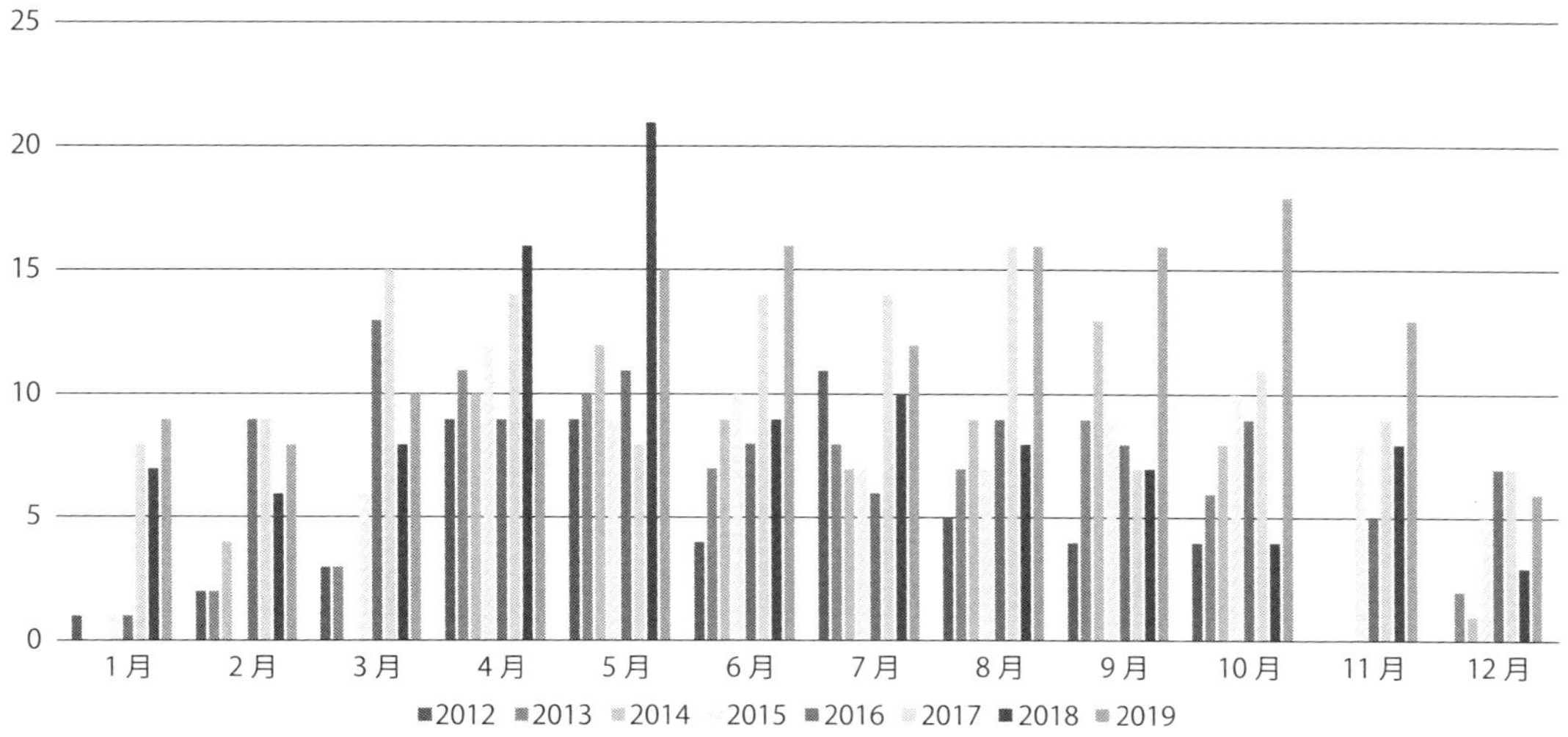

図2－4　2012～2019年クルーズ船寄港数の月別推移（2012年～2019年までの寄港したクルーズ客船数より作成。（https://www.city.ishigaki.okinawa.jp/material/files/group/29/cruise(zisseki)2012~2019.pdf　2024年9月6日閲覧）

2－4が同時期のクルーズ船寄港数の月別の推移である。全体的な傾向としては、年を追って寄港数が増えている。また、クルーズ船の来航客船数が多いのは、四月から一〇月に集中している。この点については、旅行会社を営む台湾系移住民のTSさんは、かき入れ時は四月から七月と述べていた。冬場は国内の団体客が多いため、島内でクルーズ船観光客に回せるバスに限りがあり、請け負えるクルーズ船旅行客数にも限りがあるという。他方、夏場になると、国内客はダイビングなどを目的とした若者や家族など、小規模な形態の旅行客が多いため、バスをクルーズ船に回せるという(24)。

なお、表2－1のように月間で一四回船が欠航なしで入ってくるとすれば、月の半分はガイド代が収入として入ってくることになる。しかし、観光業は季節性でありまたコロナや台風などの不確定要素もあるため、それだけで食べていけるわけではない。多くの人はほかの仕事も行いながら、観光業も副業として掛け持ちしている。たとえば、ガイドの人たちのなかには、果樹園やコンビニの店員のアルバイトを掛け持ちするYMさん、マッサージ店を営むIHさん、雑貨店を営むSKさん、農業や運転代行を掛け持ちするKTさんなどがいる。

5 小括

本章では、石垣島の台湾系住民の移住過程、次に彼らの生業と定着の関係について考察してきた。彼らが一般にイメージされる華僑と異なる点は、農業開拓やその関連産業を目的として入植したという点だ。このため、戦前から一貫して彼らには農地を自己所有するという希求が強かったと考えられる。もちろん、入植者のすべてがそうであったとは言えないだろうが、結果的に石垣島に定着した人々は、故郷に錦を飾るというよりも、土地を所有して農業で生計を立てていく道を選んだと言える。また、彼らは農業だけではなくさまざまな業種においてもコツコツと働いている。それぞれの人が、自分の持てる力や強みを生かし、不安定な身分と目まぐるしく変わる社会の動きに合わせていかに生活を維持していくのかを工夫している姿が見えてくる。

定着過程では、日本帝国期においては、台湾においてもまた入植地においても、戦後の米国占領下においても、内地人や石垣の地元民などによる差別を耐えながら、日本語や八重山文化を含む日本への適応、同化が求められた。しかし、彼らは、決してつねに受け身だったわけではないようだ。国家が振りかざすイデオロギーを巧みに使い分ける戦略も利用してきたと言いってよい。土着化過程のなかで、天皇の赤子という日本独自の家父長制的国家観を用いて自らを「日本人」と位置づけて内地人や琉球の人々と対等に渡り合おうとしたり、外国人とされてからは、新たな支配者からの支持と援助を得るために「華僑」と位置づけたりした。しかし、これらの名乗りは、石垣島への土着化のための方策として活用されたと言ってよいだろう。

運び屋やクルーズ船観光は、台湾系移住民が、日本と台湾との国境を跨いだ橋渡し役になったことで成り立った職業と言える。二〇一七年において、クルーズ客の買物・ツアー代等一人当たりの観光消費額は一万三七六七円で、これをベースに一月〜一二月迄の経済効果を計算すると、約四九億円となったという（知念　二〇〇〇）。同化政策や地元民からの差別などが相対的に緩和された二〇世紀後期以降の石垣では、台湾系移住民が自らの言語文化を経済的な資源として活用できる領域が広がっていると言えるだろう。

第3章　台湾系移住民の土地公祭祀にみる土着化

本章では、台湾系移住民の信仰実践を通じて、彼らが地域社会に適応していくうえで行ってきた選択を見ていきたい。具体的には、土地公を例に、彼らの土着化と台湾に対する意識とを関係づけながら論じていく。

1　土地公祭祀

1-1　御嶽と土地公

土地公は「土地神」の一種で、窪徳忠（二〇〇〇：三七四）によれば、城壁に囲まれた大きな町の陰陽両界の守り神である城隍神、村や集落の守り神の土地公、一般に守墓の神と言われる后土、および風水説に関連する土地竜神の四種があるという。このうち本節で扱う土地公は、村や集落の守り神に近い。

漢民族系の移住民たちは、開拓した土地に定着していく際、集落の守護神としてまず土地公を祀ることが多い。土地公のより正式な名称は福徳正神だが、日常会話では土地公（閩南語話者はトティコンという）と呼ばれる。台湾の民間信仰の研究において第一人者と言える劉枝萬の研究には、石垣島の土地公を考えるうえで大変示唆的な指摘がある。すなわち、台湾の土地神のうちで主流のものは、昔の社神の後身である福徳正神すなわち土地公であり、開拓の試墾期に、原始林を伐採して耕地となるにあたって、大木や巨石を残し、あるいは樹下に石塊を置いて、これを地霊の依代とみなし、祭祀するのだという。そしてこれは、原籍地から持ち込んだ神仏の分霊神とは異なり、「まさにその土地に即した在地（ツァイテエ）の神霊たる「土地公」なの」だという（劉　一九九四：一二三六）。

石垣島で土地公が祭祀されるようになったのは、窪（二〇〇〇：三八一）によれば一九三五年だそうだが、そのきっかけは何だったのだろうか。窪（二〇〇〇：三七九－三八〇）は、一九八〇年代初頭の調査でさまざまな説を聞き取っている。それらは、大まかに次の五種類に分けられそうだ。

（1）台湾系移住民同士の親睦を図るため。（土地公の誕生祭を兼ねた台湾郷友会の観月会）
（2）望郷の念の発露。
（3）精神的な支えと互助推進のため。
（4）豊年祭。
（5）地元民の信仰との関連性がうかがえる理由。

これらからは、移住民としてやってきた人々にとっての精神的な支柱としての神の存在があり、その背景として地元民との時に緊張を孕む関係性があることがうかがえる。特に、窪が挙げている諸説のなかでも石垣島特有の語りとして興味深い点は、（5）に関係するいくつかの逸話である。少し長くなるが紹介したい。

（5－1）名蔵のウタキに、もし願いが叶ったら豚一頭を供えると誓って、家内安全、治病、豊作を祈ったところ、翌年豊作だったうえに家内が平安だったので豚一頭を供えたのをみた人々が同調した。

（5－2）楽園と聞かされて台湾から石垣島にきたところが、大変なところだったうえに八重山の人々からいじめられたので、みな意気消沈していたのをみた指導者の林発が、人々の気を引立てるためにウタキを貸してもらって始めた。

（5－3）名蔵のウタキに石――イビであろう――があり、その脇に香炉をおいて土地公としていたところ、ある華人がその香炉を家に持ち帰って拝んでいたら、名蔵や登野城のツカサ（神女）までが病気になったので大騒ぎになり、八重山の人々がユタにみてもらってそのことがわかった。病中のツカサが這ってその華人の家にきて、香炉を返すようにいったので、香炉を返し、それがきっかけとなって始めた。

（5－4）入植後少したって、条件がよくなかったうえにひどく軽蔑された結果、老人や青年のうちにノイローゼにかかるものが出た。さらにマラリアにもなる。ひとりが治ると、また別人がなる。そこで林発は心のよりどころが必要だと痛感した。当時、名蔵のウタキには香炉が置かれていたが、一華人が治病を祈ったところ治ったので、その香炉を自宅に持ち帰った。実はその香炉はオモト岳のウタキのものだったので、その紛失を知った八重山の人々のあいだで大騒ぎになった。それは、人々が祀りもせずに放ってあったことも原因だった。そのうち華人は騒ぎを知って香炉を返し、八重山の人々と華人たちがともに拠金して拝所を建立すると同時に、林発の主唱のもとに名蔵のウタキで、土地公の誕生日である旧八月一五日を選んで祭祀を始めた。

これらのうち、窪は、（5－4）が真相と判断している（窪　二〇〇〇：三八〇）。その根拠は明示されていないが、真偽を問うことはそれほど必要なことではないだろう。むしろ、この説は台湾系移住民の移住の過程での現地との関係構築の難しさと融和を求める志向性を民間信仰という点からあぶりだしている点で大変興味深い。台湾からの移住民は、地元民から差別されたりトラブルに見舞われたり疫病に悩まされたりするなどの苦境の打破を地元の宗教信仰に関わるモノ

（香炉）に求めた。しかし、香炉は、台湾人も宗教信仰を行う場合必須のアイテムだが、地元民とは線香をたく対象など香炉の意味づけが異なっていたために、文化摩擦が起こった。そこで、その解決策として両者の交渉が始まり、地元との融和のために移住民もお金を出し合って地元民の聖域に共同で拝所を建て、以後はその場を借りるかたちで地元民の信仰を損なわないようにしながら、自分たちの心の拠り所を祀ることにしたのだろう。

金城（一九八八：二二四）によれば、名蔵御嶽（図3－1）は宮古島を中心とする自由移民によって修復され、地域の守り神として盛大に豊年祭などが行われていた過去があるという[4]。そこへ、石垣島の名蔵・嵩田地区に台湾系の人々が入植し、自前の専用宗教施設を持たずに先住者の聖域を借りることにしたという点は、華僑華人社会の歴史をより広い地域のなかで見た時には、注目すべきことのように思われる。東南アジアの華僑華人社会研究では、移住した人々が先住者の土地神を自文化に取り入れて信仰するということがよく見られる。たとえば、窪徳忠（一九九九）によれば、マレーシアやシンガポールでは「ダトゥ」というマレー人が信仰する精霊があるが、移住した中国系移民が、

図3－1　現在の名蔵御嶽（撮影　筆者　2021年11月27日）

これを「拿督公（ダトコン）」と呼んで土地公と同様の性格の神と解釈して信仰したという。

以上のケースから見えるのは、移住した人々が移住先の土地への定着の過程で、その土地の先住者の土地神を自らの信仰のなかに取り込む姿である。石垣島の場合、祀っているのは彼らの文化のなかにあった土地神ではあるが、移住先の聖地である御嶽を借りている。御嶽とは、聖木が生えており、神が出現し、人々の神への祈願がなされる所である（波照間 二〇一八：二三）。御嶽は、沖縄全域に見られる村落祭祀の中核となる聖域の総称であり、八重山では、オン、ワン、ワーなどと言われている。村落の守護神とする御嶽の神は、祖先神であるとする考えがあるが、そうでない場合も御嶽をめぐる祭祀組織は村落の構造が深くかかわる（植松 一九九九：一六七）。つまり、御嶽の神は村落の守護神であり、祭祀組織という点からも村落という地域社会と結びついている。漢民族が土地を新たに開拓した際や移住した際に、落ち着き先の土地の神を祀るという習慣を持っていることから考えると、石垣島に入植した台湾人がその土地の土地神を祀ろうとしたときに、御嶽の場所を選んだのは偶然ではなかろう。名蔵の土地神になぞらえて、台湾の文化への翻訳を行って御嶽で祭祀を行ったと言えよう。

他方、石垣島の台湾系移住民の土地公祭祀からは、東南アジアの華僑華人社会とは異なる側面も見える。東南アジアの場合、華僑は、植民地支配者と被支配者（地元民）とのあいだに導入された外来者であった。たとえば、イギリス植民地であったマレー半島では、華僑は植民地主義的な開発のなかで、たとえば錫鉱山の労働者として、あるいは彼らを統率する商人や起業家、秘密結社の指導者として入植したが、指導者である華僑の現地社会での力は強く、支配者である英国は、こうした華僑たちに徴税請負をさせるなど、華僑に依存していた。つまり、地元民から見れば、華僑は植民地支配にある意味加担する存在でもあった。東南アジアでは、こうした力を持った華僑の指導者たちがいたこともあり、移住先で、現地社会にもまた英国植民地政府にも飲み込まれず、姓、方言、郷里、職業などを同じくする人同士が相互扶助のための組織や会所としての会館を持ち、祖先や神を祭祀し、墓地を作って管理し、教育施設を設立した。

他方、石垣島などの八重山諸島に移住した台湾系移住民は、こうした華僑とはさまざまな点で異なっていた。まず彼らが移住した当時、彼らは「日本人」として位置づけられた。支配者と彼らと彼らが移住した先の人々とのあいだには国籍という点では違いはなかった。他方で、内地人が一等国民、沖縄が二等国民、台湾人が三等国民という暗然とした差別があった。また、移住した人々の人数は昭和五年の石垣市の人口が二〇五一〇人、昭和一〇年が二〇七四九人、昭和一五年が二〇八三七人（『統計いしがき　令和三年度　第四四号』四〇頁　chrome-extension://efaidnbmnnnibpcajpcglclefindmkaj/https://www.city.ishigaki.okinawa.jp/material/files/group/1/02jinkou.pdf　二〇二四年四月九日閲覧）であるのに対し、第2章でも言及したとおり、当時の台湾系の住民の人口は数百人の域を出ない。自前で会館や祭祀場所、教育施設等を設立し、維持していくにはあまりに人数も資本も不足していた。金城（一九七七：二二七―二二八）によれば、台湾人が入植した地区は、入植当初は大日本製糖の社有地だったため、台湾人は、社有地を借りて入植する小作人であった。また、台湾からの移民は八重山の発展に寄与しながら、ほとんど記録されておらず、他の入植者に比べて政府の恩典もなく、ただ、知恵と忍耐を頼りに自力でここまで来た（金城　一九七七：二二七―二二〇）という。

ところが、入植した台湾人は、勤勉でよく働き、水牛などを持ちこんで効率的な農業をやったため、地元民から仕事を台湾人に奪われると危険視された。つまり、通念として台湾人は現地の人々より下に位置づけられながら、実質的な経済力の点で台湾人のほうが高いことになりかねなかったため、両者のあいだにねじれた関係が生まれ、地元民から排除のまなざしを向けられた（野入　二〇一〇：一七八）。そしてそれを和らげるために、「土地を年に一度一時的に借りる」という選択をしたとも考えられるのではないだろうか。儀礼ではツカサである地元の女性宗教的職能者が祈禱をしていたようで、地元の信仰を取り入れている。また、当日の参加者のなかには、地元の市長や有力者も多数参加していた。土地公祭はたんなる台湾人たちの祭りであるだけではなく、地元社会への適応を意図する台湾系移住民と石垣島の人々との関係構築の機会としても有用だったと思われる。

さて、土地公祭は太平洋戦争中多くの台湾人が台湾に逃れたこともあり一時途絶えたが、一九五〇年に再開した（松田　二〇二二：一五）。ただし、当初は生活するのに精一杯で、土地公祭も各自で供え物をする程度だったというが、華僑会(5)が成立した一九六三年前後から台湾系移民全体が参加する祭になったという（小熊　一九八九：五九〇）。当時は、パイン産業全盛の時代で、石垣市長や石垣島製糖会社社長、入国管理事務所や植物検疫所など台湾系移民に関する機関の人々が招待されていたという（小熊　同上）。しかし、その後は徐々に参加者が減り、一九八〇年になると、華僑会が土地公祭を主宰することができなくなったため、一部の有志が集まって「土地公祭期成会」を結成し、祭祀を引き継いだ。小熊は土地公祭参加者の減少の理由として、名蔵嵩田で世代交代が進んで土地公信仰を持つ上位世代がいなくなったこと、地元民からいじめられた経験を持つ第二世代が台湾系移民という出自を隠して生きてきたことなどを挙げている(6)。他方で、市街地の台湾系移民は商売繁盛などを祈願する信仰があることや、民族アイデンティティを否定する傾向が少ないことから、土地公祭を維持しようという考えが強いとも指摘している（小熊　一九八九：五九〇－五九一）。その後二〇〇七年には琉球華僑総会八重山分会が祭を主宰するかたちになり、現在に至っている。このことから、参加者の減少や関係者間の考え方の違いなどもありながら、土地公祭祀を石垣島の台湾系移住民たちの習慣として維持していこうという意思が彼らのなかに確実に受け継がれていると言えるだろう。

1－2　新たな土地公廟の建立

ところで、挙行母体の問題以外に、土地公祭祀には名蔵御嶽を借りて行う祭祀からの独立という問題があった。窪徳忠教授が現地調査を行った一九八〇年代初頭には、「御嶽に生物を供えられては困るので」、別の場所に土地公廟を建立してほしいという声が地元のツカサから上がっていた（窪　二〇〇〇：三八二）。ただし、この点は、現在の土地公廟の場所を提供しているKTさんによれば、御嶽のなかで豚を供物とすることは認められていたが、それを祭祀の終了後その場で解体することが許されなかったため、御嶽の外で解体していたという[7]。つまり、祭祀自体ではなく、解体の場所が問題になったようだ[8]。

しかし、この独立問題が解決を見るまでには三〇年近くの月日を要した。独立した施設を持つためには、まずそのための場所（土地）が必要だ。そしてそこにどのような建物を建てるのかによってかかる費用も変わってくる。そしてもちろん、当事者自身が、自分たち自身や彼らの親や祖先が台湾で育んでいた台湾の信仰を維持発展させたいという意思を持つことが最も重要だ。筆者が石垣島で本格的に調査を始めたのは二〇一九年だったが、その時からまさに新たな土地公廟建立が実現する過程を目にすることになった。

新しい土地公廟の候補地は、一つではなかったようだが、最終的に琉球華僑総会八重山分会として決定した場所は、もとはある台湾系移住民のKTさんの母KMさんが個人で神を拝んでいた場所だ。KMさんはもともとカミダカイ（カミの霊力を感じやすい）人だったそうで、名蔵のツカサから自分のところで拝んだらいいということで、台形の石を受け取り、土地神として拝んでいたという。KTさんによれば、この石は彼が子どもの時からあったというから、すでに七〇年以上前のことらしい。この石は、雇人が農作業などで動かしてどけたりすると、体の調子が悪くなり、その後元の位置に戻すと治ったということがあったように、ただの石ではなく霊的な力がある石だと考えられた。またKMさんは、名蔵の御嶽と縁があっただけではなく、また不動明王と観音がそばについていると与那国出身のシャーマンにも言われたことがあったという[9]。

二〇一九年一月、筆者が石垣島を訪れた際、ちょうどKTさんがIHさんらとその場所に廟を建てていいかどうか神に聞きに行くということで、同行させていただいた。その場所は、パンナ岳の北側のうっそうとした森の中にあり、人の膝丈ぐらいの高さのとても小さな祠があった。そこで供物をささげ、ポエという占い道具を投げて廟の建立の可否を尋ねたところ、承諾を得ることができた（図3-2）。また、建物については、台湾で六畳くらいの出来合いの祠を買うことを考えていて、インターネットを通じて候補の廟の写真も手に入れていた（図3-3）。

まずは台湾に行って交渉をする予定とのことだった。ところが、この一年後、新型コロナウイルスの流行が始まり渡航できなくなったため、台湾で建物を調達する計画は頓挫した。そこで、KTさんらは自分たちの手で廟を建てることに計画を変更した。KTさんやTSさんは、電気工事や建築工事もこなすことができ、またTRさんは大きい重機の運搬や操縦にたけている。またYEさんは塗装の専門家だ。彼らは自分たちの得意分野で力を発揮して、台湾の廟の画像などを参考に、廟を手作りしたようだ。また、彼らは日頃から、閉店する店や解体する建物から再利用できるようなものを集めていて、そういったもののなかから土地公廟の建築や内装、什器として利用できそうなものを選び出して使ったと思われる。こうして二〇二〇年の旧暦八月までに新しい建物の骨格が建ち上がり（図3－4）、この年の土地公祭が名蔵で行われた後、有志が新しい

図3－2　KTさんの母の配所（撮影：筆者　2019年1月31日）

図3－3　購入候補の土地公廟の画像（撮影：筆者　2019年1月31日）

廟に移動して土地公を拝んだという（松田　二〇二一：一七）。

「石垣島福徳宮（あるいは石垣島福徳廟）」と名付けられた新しい土地公廟ができてからは、KTさんはじめ華僑会の歴代の会長などが仕事の合間に廟に通うようになり、少しずつ廟の設備工事などが行われるようになった。また、毎日朝と夕方にIHさんやYMさんが供物を備えて拝みに来るようになり、借り物時代の祭祀とは異なり日常的に神が鎮座し、不特定多数の信者、観光客の参拝も可能になった。

図3－4　石垣島福徳宮（土地公廟）（撮影：筆者　2022年12月20日）

二〇二一年からは土地公祭も新しい廟で挙行されるようになり、この場所が華僑会の恒常的な拝みの場所となった。かつては香炉を土地公に見立てて行われていた土地公祭は、二〇〇〇年に台湾から神像を勧請して（松田　二〇二一：一九）行われるようになったが、それでも当時は神像が炉主と呼ばれるその年の祭りの責任者の自宅で奉祀されていたため、人々が神像と自由に対面できたのは一年に一度の土地公祭の時だけだった。しかし、KTさんは、自身の寄る年波のことを思い、母親が拝んでいた神を含めていつでも誰でも自由に神を拝める場所を残したいとの気持ちで廟を建てようと考えていたのだという。

跡継ぎのいないYMさんとTHさん夫婦が自宅で祀っていた媽祖、関帝、土地公を新しい土地公廟に合祀することにしたのも同様な理由だ。自宅に置いておくよりも廟に置くほうが、将来的にも恒常的に祀ってもらえることになるからだ。彼女らの神像が廟に入ることになった二〇二二年一二月には、台湾から職能者を招いて安座儀礼も行われ（図3－5）、土地公廟は、主神の土地公以外に、KMさんが奉祀してきた石頭公（台形の石）、YMさんが奉祀してきた媽祖、関帝、土地公、そして祭壇の下には虎爺（神の乗り物であり、廟を守護する神）を擁する施設となった（図3－6）。

二〇二四年六月にはKTさんら華僑会の役員が台湾に瓦や屋根飾りを買い付けに行った。屋根の瓦や装飾のための資金については、新聞などで広告を打ったり、また知り合いのつてを頼って幅広く寄付を集めた。船便で送られた瓦や装飾品は、KTさん、TSさん、TRさんなどの華僑会の中心メンバーたちが仕事の終わった夕方や週末には朝から日暮れまで手作業で屋根に乗せていった（図3－7）。彼らの仕事ぶりは、自分たちの手では作れない廟の飾りは新たに買うとしても、できるだけ手持ちの知識やモノ、自らの労働力など身の回りにあるものを寄せ集めて手作りで試行錯誤しながら新しい廟を作っていくという感じで、すでに六〇代、七〇代の身でありながら、筆者が参与観察したかぎりでは、自分たちの廟が自分たちの手でできていくことが楽しくて仕方がない、というように見えた。こうしたありあわせのモノを寄せ集めながらも創造性と機知を最大限に発揮させつつ廟を作っていく様は、まさにレヴィ＝ストロースの言うブリコラージュ（器用仕事）と言える。また、廟の建設や祀りのやり方のどちらについても言えることだが、筆者が観察していると、どうやらそれぞれの人のこだわりや知識には微妙な違いがあったりする。

図3－5　安座儀礼（撮影：筆者　2022年12月18日）

図3－6　石垣島福徳宮の祭壇上の神々
後列左から、関帝（関聖帝君）、土地公（福徳正神）、媽祖（天上聖母）。前列中央が石頭公（KMさんが拝んでいた石）、その石がYMさんが奉祀していた土地公（撮影：筆者 2024年７月26日）

その違いは、時に小さな論争の種になったりすることもあるのだが、最終的にはその時々のその場の臨機応変な知恵でその違いをあまり突き詰めすぎずにすり合わせて乗り越え、一つのものを作り上げているように見えた。その点でも心のブリコラージュがなされているように感じられた。こうして二〇二四年九月には手作りの廟が完成した（図3－8）。この時の土地公祭は、前年に比べて活気があるように筆者には思われた。

図3－7　屋根瓦施工工事（撮影：筆者　2024年7月28日）

図3－8　完成した屋根飾り（撮影：筆者　2024年9月17日）

2　小括——心の中の台湾を手作りする

石垣島の台湾系移住民は、初期の段階から信仰の世界において地元の聖地や職能者を借用し儀礼を依頼するなど、地元との関係を重視しつつ、自らの信仰のやり方も残しながら対応してきた。彼らのなかに石垣島で自己所有を目指して土地を開墾する人々がいたからこそ、自らの信仰を自らの内部に閉じさせるのではなく、地元の信仰との関係性を重視してきたと言えるだろう。その意味で彼らが目指したのは、意識しているかどうかは別として、信仰をはじめとする生活様式を地元のそれに同化させようとしたというよりは、土着化を目指すなかで、その場その場でふさわしいモノややり方をつなぎ合わせていったと考えられる[10]。また、目に見える物質としては存在しない「土地公」を拝んできた。むしろ、神像がないからこそ、地元との信仰上の軋轢は少なかったのかもしれない。他方、豚を丸々備えるという習慣や線香や紙銭などの物質が地元の風俗習慣との差異として顕在化させた。だからこそ、物質としての供物の豚が祭祀施設の独立を促す要因になったとも言えそうだ。

日本語の習得が進み、パインに特化した生業が他の出自の人々にもアクセス可能になると同時に、台湾系移住民の職業も多様化していくなかでも、地元への完全な同化とは異なる台湾の文化要素の存在があったことが、独立を可能にしたとも考えられる。

このほか、ＫＴさん、ＴＳさんらを含む今の五〇代後半から上の世代の場合、子ども時代に「タイワナー」などと言われて学校などでいじめられた経験を持つ人が多いことも、指摘したい。そのため、家で親が子どもに台湾語を使わせないようにするなど、台湾に由来する出自や言語を隠そうとする教育も行われてきた。そこで、自身が台湾出身の親に由来することや、台湾語、台湾文化に対する低い評価を内面化してきた。しかし、長年にわたるパイン生産や農業に対する台湾系移住民の貢献などが、地元民の彼らに対する見方を変えていった。二〇一二年には、地元の人々が台湾系の移住民の石垣島への貢献、特に農業開拓者としての貢献を顕彰するために「台湾農業者入植顕頌碑」を建立した。この碑が台湾系住民ではなく、ホスト社会の人々によって発議されたということは、台湾系移住民が偏見や差別の対象からプラスに評価されうる存在へと変わりつつあることを象徴している(11)。

こうしたことの積み重ねの先に、土地公廟の独立が可能になったと考えられる。ＫＴさんたちは、これまで台湾に対する望郷、台湾の文化に対する愛着を内面にしまってきたが、子どもの頃から聞いてきた親たちの話や、時には親の帰省について行って見聞きする台湾、たまに里帰りする機会のあった人から聞く台湾の様子、親がラジオをチューニングして聞いていた台湾語の放送、そして昨今ではスマホなどを通して得られる台湾の情報などから故郷に対するイメージを膨らませていって、ありあわせの知識と技術と材料を組み合わせて土地公廟を手作りしていった。

おわりに

戦前に石垣島をはじめとする八重山群島に移住した台湾の人々は、日本帝国のなかでの「国内」移住を経験した。この時点では、彼らはまだ華僑ではない。その経験は、植民地主義支配のなかでの一方的なパイン事業からの締め出しに対して、活路を見出さざるをえないという強制性を伴うものであった。植民地主義は、経済的な意味でも文化的な意味でも彼らの生活手段を奪ってきた。戦後になると、敗戦国日本から切り離され、米国の占領下におかれた。戦前国内移住として移り住んできた人々は、戦後中華民国と米国占領下の島々のあいだに国境線が引かれたがゆえに華僑となった。またこの時期技術導入などにより移住した人々も華僑と言えよう。その後、沖縄の祖国復帰と、日華断交のなかで、多くの人々が今度は外国人から日本人への帰化を選ぶことになった。彼らの生活と法的身分は、彼らのコントロールの範囲を超えた国家、国際政治の論理に翻弄され続けた。

彼らは、帝国主義時代も、戦後の米軍下でも、また沖縄の日本復帰後も、基本的には日本の社会、文化に適応する道を選んできた。戦前においては、地元民とのトラブルを解決するために台友会を作り、台湾人に日本語を習得させた。世代も下り、三世以降になると、台湾語や北京語を流ちょうに話す人々は減少した。つまり、戦前戦後を通じ、彼らは現地社会への土着化を選択した。国家の政策に明示的な抵抗はせず、日本語を習得し日本の風俗習慣にも適応した。また、ある時は「天皇の赤子」を名乗り、またある時は「華僑」を名乗るなど、権力が彼らに要請するイメージを自ら戦略的に演じたりもした。それらの名乗りは、日本社会に根を下ろし、財を築き守っていくための道具として利用された。

こうしたプロセスを経て、今日、多様なきっかけやルートを通じてこの島にやってきた人々のなかに、日本への定着をはかりつつ台湾語や台湾の宗教信仰を維持してきた人々がおり、言語を運び屋やクルーズ船の通訳などを通して生活の糧のツールとしたり、台湾の廟を模した新しい土地公廟を生み出すなど、彼らのなかにしまい込んでいた彼らなりの台湾を石垣島に再構築している。土地公廟は、名蔵の御嶽で行っていた土地公祭祀の新たな祭祀場所であるが、同時にKMさんやYMさんのように、個人的に拝んでいた神も共同祭祀の対象になっている。共同祭祀場所を作ることで、個人宅で行う祭祀では危ぶまれていた祭祀の継承をより多くの人に担ってもらう可能性が開けつつある。彼らは、土着化のなかで石垣島における台湾系移住民のルーツを確かめ続けられうる象徴を生み出そうとしている。

台湾系移住民の固定的な廟ができたことは、石垣島でもほぼ初めてと言っていいほど台湾系の文化が恒常的に可視化された機会と言ってもいいだろう。場所的には市街地から離れているため、偶然に通りかかる機会はありえないが、ここへ来れば、台湾を模した極彩色の屋根飾りの乗った真っ赤な廟が周囲のうっそうとした緑の木々をバックに異国情緒を醸し出している姿に出会うことになる。台湾を知っている人ならば、ここが台湾に近い場所であることを実感することができる。実際、ここには時に台湾からのクルーズ船の客や関係者も立ち寄るのだという。筆者が立ち寄った時には、日本人に嫁いだ若い台湾人女性や、市街地の土産物屋で働く女性、ワーキングホリデーで石垣島に来ている女性が参拝に来て、廟の屋根の下の椅子に腰かけて談笑している姿も見かけた。中華系の廟には当たり前にあるピンクの柄がついた長い線香や金紙（神への参拝時の供物の一種）も最近ではクルーズ船を通して潤沢に手に入るようになったらしい。

こうして、戦前からの移住民や、戦後の技術導入などにより入ってきた人々およびその子孫の祭祀対象であった土地公は、廟ができていつでも誰もが立ち寄りたいと思ったときに立ち寄れる場所になったことによって、クルーズ船などで入ってくるインバウンドの旅行者や、旅行業等に関わって石垣島に住むようになった新しい若い台湾人たちを引き付けるようになった。決して豪華ではないし、台湾のものとはどこか異なっているところもあるが、手作りのぬくもりがあって、日常生活のなかで祭祀される神々の世界の雰囲気が醸し出される廟は、石垣に住まう台湾系移住民の拠り所としてだけではなく、新たに石垣で生活を築いていこうとする人たちにとっても拠り所となりうるように思われた。ＫＴさんは筆者に、今後はさらに廟の周囲の整備を進め、劇を奉納するための舞台[1]や、台湾の物産を売る店、参拝客が泊まれる施設、三合院（台湾の伝統的な住居）などを作っていきたいということで、心の中に抱いているイメージの実現に希望を見出しているように思われた。

筆者が特に将来への希望の兆しの表れと感じたのは、近年選ばれる新しい炉主の存在だ。土地公廟では、毎年土地公祭の最後に次年度の炉主を選ぶことになっている。炉主になりたい人は、自ら名乗り出てポエを投げる。ポエは二枚の三日月形の木片で、片面は丸いふくらみがあり、もう片面は平らになっている。投げたときにふくらみのある面と平らな面の両方が出た場合には、神が満足しているあるいは承諾した、という意味で「聖ポエ」という。「聖ポエ」が連続して最も多くの回数出た人が炉主に選ばれる。これまでは、たいていの場合、移民の第一世代や、第一世代と一緒に子どもの頃に移住した人、台湾生まれの親から八重山で生まれた第二世代が選ばれることが多かったが、昨年は女性のTYさんが立候補し、選ばれた。彼女は石垣に移住した夫婦の第三世代で、ご本人の母語は日本語だ。上位世代の人たちと比べてこれまで台湾の宗教信仰に積極的に関わってきたわけではなかったようだが、先輩方から虚心坦懐に学びながら炉主を務める姿勢を維持し、旧暦の毎月一日、一五日の参拝を行い、八月一五日の土地公祭もつつがなく成功させた。そして今年の土地公祭では、さらに若いLTさんが立候補して選ばれた。彼女は就労できるビザを持っており、台湾人旅行客が多く立ち寄る土産物屋で働く日本在住五年目の台湾人女性だ。その意味では、農業開拓民とも技術導入とも異なる新しいカテゴリーの台湾人だ。しかし、こうした新しい来島者が炉主候補として立候補したいと思うことは、これまでの石垣島の台湾系移住民社会にとっては画期的だ。また彼女と一緒によく参拝に来る若い台湾人たちも少なくないことから、こうした新しい若い世代が今後土地公廟祭祀を受け継いでいく可能性が出てきたと言えよう(2)。

また、今回の土地公祭では、石垣島生まれの二世、三世などの女性たちがちらほら見かけられたのも、新しい現象だった。祭の際に寄付をした参加者に配られる「紅亀糕《アンクークエ》」と呼ばれる食紅で色づけした餅菓子を作るために集まっていた女性たち（図4－1）のなかに、これまでは参加したこともなく、台湾語も北京語もよくわからないが、子育てが一段落して、自分が何者かについて知りたくなって参加した、という人たちがいた。彼女たちは台湾語を自在に操る女性たちの会話の輪にはすぐには入っていきにくい感じはあったものの、餅づくりを通して、今後文化の継承に参画していくこともありうるだろう。

図4－1　紅亀糕作り（撮影：筆者　2024年9月16日）

とはいえ、土地公のストーリーは、石垣のすべての台湾系移住民に共通する心情を表しているとまでは言えないことも同時に付け加えておかねばならない。華僑会の活動や土地公の祭祀に対して、多様な意見があることも事実だ。また、世代が進み、地元民や本土の日本人と結婚する人も増え、さらに島外への人口流出も増えている。このようななかで、廟や華僑総会の活動をいかに維持していくのかは、大きな課題となっていることは否めない。

他方で、土地公廟とは別に、新たに石垣島に媽祖を祀る廟が建設中である。こちらの廟もある台湾系移住民の方が中心に作っているもので、建築している場所は、一時は土地公廟の候補地の一つでもあった。こちらの廟の場合には、台湾でも有名な媽祖廟や土地公廟などから神像を勧請してくる計画になっており、建物も本格的な中国建築を予定しているようだ。建設地は唐人墓の敷地内でもあり（図4－2）、観光ルートにも入りやすい場所でもあることから、台湾系移住民のことを知らない観光客でも訪れやすい。新しい土地公廟が、これまでの台湾系移住民社会の人々を対象としながら新たな移民をも含みこむ、どちらかといえば生活者にとっての祭祀場所を目指しているのに対し、媽祖廟は、台湾で有名な廟の神を祀るという意味では、インバ

図4－2　建設中の媽祖廟（右）と唐人墓（撮影：筆者　2023年９月20日）

ウンドの観光客を惹きつけることを想定した、より外向けのアピールを目指す施設になるだろう。

もし媽祖廟が完成すれば、小さい離島に二つの台湾系の宗教施設ができることになり、石垣島の華僑社会の「見える化」が進むことになるだろう。

あとがき

本書の執筆にあたっては、多くの方々にご助力いただいた。まずは松田良孝さん（現在フリーランス、当時八重山毎日新聞記者）に深く感謝したい。松田さんは筆者の台湾の宗教研究論文を読んでくださって、その内容が石垣島の芳沢佳代さんの出身地の宗教祭祀の内容と類似していることから連絡をくださった。その後、松田さんには台湾研究者の合同調査のアレンジをしていただいたり、台湾系移住民の方々をご紹介いただいたり、また研究仲間として情報を交換しあたったりする関係になった。

二〇一七年には学生を連れて石垣島で社会調査実習を行ったが、この時も松田さんが琉球華僑総会八重山分会の方々をご紹介くださった。この年はちょうど、玉木家の人々を描いたドキュメンタリー『海の彼方』が公開された年で、玉木茂治さんに学生たちがアポイントを取らせていただいて、お世話になった。また、この実習の時に面識を得た当時の琉球華僑総会八重山分会会長の湯川永一さんとは、二〇一九年に筆者があてもなく石垣島に舞い戻り、ふらふらとしていた時に、偶然名蔵御嶽で再会したことがきっかけでその後、今日に至るまで折に触れお世話になっている。御嶽という地元の聖地でもあり土地公祭の行われる場所で再会したせいか、私は石垣島に来る運命だったのだという気持ちを強くした。湯川さんを通じてご紹介いただいて最初にご教示をいただいたのは王田達夫さんである。王田さんには非常に豊富な知識を披露していただいたり、あちらこちら筆者が興味を持った場所に連れて行っていただいたりした。また王田さんを通じてたくさんの方々をご紹介いただいた。このほか、筆者が紹介なしに突然お伺いした方ももちろんいる。ここではお世話になったすべての方のお名前を挙げる紙幅がないことをお許しいただきたいが、皆さまに厚く御礼を申し上げたい。

本書を書きあげるうえでは、ノートルダム清心女子大学の八尾祥平教授に言葉に尽くせないほどお世話になった。筆者のつたない草稿を精読してくださり、さまざまなアドバイスやコメントをくださった。八尾先生の御助力がなければ本書は世に出せなかったと思う。とはいえ、八尾先生のコメントのなかで答えられなかった点も少なくない。特に、なぜ八重山を取り上げて論じるのか、という点については、「そこに台湾人がいたから知りたくなった」という思いを越える答えをまだ筆者は見出していない。八尾先生は、日本の周縁の沖縄のさらに周縁の八重山から琉球史や日本史を捉えなおす意味で本書に意義があるだろうとコメントしてくださったが、筆者には八重山の台湾系移住民の事例研究から琉球史や日本史を再構築するには調査も洞察力も不足を感じている。今後も可能なかぎり精進することでお許しいただきたい。この他、林素湄さん、松田良孝さんにも、草稿を読んでいただいてコメントをいただいた。林さんは台湾系移住民の男性と結婚されており、松田さんは記者として長く石垣島に居住された方だ。お二人とも、筆者よりはるかに長く深く現地社会と関わっておられる。そういった方々から、筆者の気づかなかった事実や視点を指摘していただいたことは何物にも代えがたいアドバイスである。厚く御礼申し上げる。なお、紙幅の関係で、調査で得られた資料のすべてを本書に反映することはできなかったことも、特に調査に協力してくださった方々にお詫びしたい。いずれこの続編を出せる機会があればと願っている。

最後に本書の出版に当たっては、慶應義塾大学出版会の編集部の上村和馬さんに大変お世話になった。記して感謝申し上げる。

二〇二四年一二月

三尾裕子

＊本研究は、日本学術振興会科学研究費の基盤研究（A）（課題番号18H03607）及び基盤研究（C）（課題番号20K01222）の経費により遂行された。

注

はじめに

（1）　唐人墓は、咸豊二（一八五二）年に厦門からサンフランシスコへと渡る途中で遭難し、八重山へ漂着した中国人苦力のうち、彼らを逮捕するために追ってきたイギリス人との争いや病気によって八重山で亡くなった人々の慰霊のため、一九七一（昭和四六）年に沖縄県石垣市の観音崎に建立された。建立に当たっては、台湾系移住民も中華民国政府も出資している。なお、八尾（二〇一三）は、唐人墓を巡って地元民と「琉球華僑」がそれぞれどのように記憶、あるいは忘却、歴史化しているかについて考察している。

（2）　一町歩は一〇反。約一〇〇〇〇平方メートル（1ha）。

（3）　日本に在住する台湾出身者や中華民国に由来する人々を指し示す言葉には華僑、台湾系華僑、台僑、台湾人など、いくつもの語彙があるが、それぞれはその内容と一対一対応で考えられない複雑性がある。岡野（葉）翔太も自身が華僑と名指されたことに違和感を持ち、こうした問題に主に歴史学的な手法をもとに、インタビュー、オートエスノグラフィを交えて取り組んでいる。詳細は、岡野（葉）（二〇二三）を参照されたい。

（4）　中国大陸から台湾への移住者を「華僑」と言うべきかどうかも実は問題ではあるが、本書ではこの点については踏み込まない。

第1章

（1）　二〇〇六年九月一五日開催の日本華僑華人学会第二回講演会。講演タイトルは、「日中間の新しい架け橋〜新華僑」であった。当時企画委員の曽士才会員から当日の講演の抄録を拝読する機会を得たことを、感謝申し上げる。

（2）なお、津田浩司氏によれば、インドネシアでは、一九五九年に都市部以外で外国人が小売・流通業を営むことを禁止する大統領令が出されたが、地域差はあるものの、実質的にインドネシア国籍を取得した華人が業種を問わず村落部から追いだされ、都市に流出したり、帰国したりした人が続出したという（津田　二〇一七）。また、櫻田涼子氏によれば、マレーシアでも、かつては丁子、胡椒、タピオカ、さとうきび、コーヒーなどの農園を経営した華僑が一定程度いたという。お二人からのご教示に感謝申し上げる。

（3）前近代の移民という点から明郷やプラナカンと比較するのであれば、沖縄については久米三十六姓（閩人三十六姓）のほうがふさわしいだろう。久米三十六姓とは、八尾（二〇一七）によれば、一三七二年の浦添グスクの明朝入貢をきっかけに、朝貢業務の支援のため中国大陸から渡来した職能集団で、那覇の久米村を拠点に、通訳、文書作成、中国文化や技術の導入などを担った人々である。上田（一九九六：一四八－一五〇）は、閩人三十六姓に属する梁氏を例に、中国で清朝が成立したのを契機に、梁氏が活動の場を環東海世界から琉球に移してゆき、脱華人化を選択したと分析している。

第2章

（1）なお、本資料は平得つぐみ氏からご提供いただいた。御礼申し上げる。

（2）ただし、牛島（一九七〇：一〇〇）によれば、台湾系の移民の草分けの高全泰氏が石垣島の名蔵に入植して水田耕作の基礎を作ったのは昭和元（一九二六）年である。

（3）台湾総督府による台湾島内のパイン缶詰業の買収、合併に関して、台湾の事業主がいかに対応したかは、北村（二〇一三）に詳しい。

（4）高さ約一一・五センチメートル、直径約八・五センチメートル。缶の重量約六七〇グラム。

（5）三木（二〇一四：九）によれば、年代不明ながら五五世帯、三三〇人が入植した、とある。入植者の人数、戸数には諸説あるが、それらの記述はいずれにせよ数百人レベルを超えるものではない。

（6）長野（二〇一五）も寄留簿から台湾系移住民の寄留元の出身地について調査している。また、出身地の地理的条件と移住先との比較、また戦後の名蔵や嵩田への台湾以外からの移住者の出身地などについて分析している。

（7）現在の行政上の名称との対応については、林美容教授（中央研究院民族学研究所兼任研究員）からのご教示による。記して感謝したい。

（8）「民政府」とは一九四七年三月に従来の八重山（仮）支庁から改称された八重山民政府のこと。アメリカ軍政下の行政機関。（https://web.archive.org/web/20220625134943/https://www3.archives.pref.okinawa.jp/GRI/histories/1947/?vpage=0　二〇二四年八月二一日閲覧）。

（9）「八重山民政府」は一九五〇年八月、軍政府布令第二二号「群島政府機構に関する法」により、八重山群島政府に再編され、群島政府知事および議会議員は公選が認められることとなった。https://web.archive.org/web/20211017124322/https://www3.archives.pref.okinawa.jp/GRI/ryukyu_documents/%E5%B8%83%E5%91%8A%E3%83%BB%E5%B8%83%E4%BB%A4%E3%83%BB%E6%8C%87%E4%BB%A4%E7%AD%89/%E5%B8%83%E4%BB%A4%EF%BC%88%EF%BC%92%EF%BC%89%E4%BD%8F%E6%B0%91%E3%81%AE%E8%A1%8C%E6%94%BF%E6%A9%9F%E6%A7%8B%E3%81%AE%E8%A8%AD%E7%BD%AE/（二〇二四年八月二一日閲覧）。

（10）金城（一九八八：二二五）によれば、一九四六年六月に群島政府産業部が「三九人の嵩田からの移住者に、一町五反当たりの土地を配分すること」を決定したとあり、若干齟齬がある。また、美和部落の世帯数は一〇戸、五五名、耕作地は一一町一反で、パイン、バナナを主体とし、年間五〇万円の収益があったと記載されている。
(11) 小熊（一九八九：五七九）によれば、カードでは原生林を伐採して火入れをすればすぐにパイン栽培ができたため、名蔵よりカードのほうが有利と考えられていたという。水田（二〇一二：六九）も、カードは森林でおおわれていたため、パイン栽培に適していたと記述している。
(12) 二〇二四年七月雑談のなかでの発言。
(13) 彼らの移動は、さらに名蔵ダム建設においても見られた。一九七一（昭和四六）年三〜九月に石垣島は大干ばつに見舞われ、農業は壊滅的な被害を被った。このことから、対策としてダムが建設され、一九九九（平成一一）年に完成した（沖縄県「名蔵ダムの経緯」https://www.pref.okinawa.jp/shigoto/shinkooroshi/1011448/1024245101l460/1010587/1013111.html 二〇二四年一一月二四日閲覧）。計画地域には、多くの台湾系移住民が開拓した土地が含まれていた。彼らは代替地などの補償を受けて移転した。
(14) 八重山地域やパイン産業以外を含む、台湾から沖縄県への労働者派遣事業の全体像については、八尾（二〇一〇）に詳しい。
(15) 二〇二二年一二月二一日インタビュー。
(16) 二〇二二年一二月二一日インタビュー。
(17) 二〇一九年三月一九日インタビュー。
(18) 二〇二四年九月一七日インタビュー。
(19) 二〇二四年九月一九日SNSでの会話より。
(20) 本論文については、林素湄氏からご提供いただいた。記して感謝申し上げる。
(21) この店の経営者のSKさんは、その後自宅に商品を置いて不定期で営業しているという。

（22）二〇二四年一二月四日、LSさんからSNSでご教示いただいた。ただし、クルーズ船観光の開始年については、石垣市の企画部観光課IT主事へ問い合わせたところ、確実な資料は見つからないが、「石垣市の観光客数の推計&人口推計」（昭和四三年〜令和二年　石垣市役所　https://www.city.ishigaki.okinawa.jp/material/files/group/11/nyuukimatome43-2.pdf　二〇二四年一二月四日閲覧、以下「推計」）によれば、一九九五年から表に数字が掲載されていることをご教示いただいた。しかし、その表によれば、一九九七年から旅客数が大幅に増えていることから、本格的なクルーズ船観光は一九九七年からと考えてよさそうだ。

（23）二〇二三年七月三〇日、石垣市の企画部観光課IT主事への聞き取り。

（24）二〇二四年七月三〇日TSさんへのインタビュー。

第3章

（1）「イベ」とも言う。ウタキの内奥にある神域や神の依り代。イビには香炉が置かれている。通常、ノロやツカサなどの女性神役以外は、近づくことが禁じられている（波照間　二〇一八）。

（2）ツカサとは、村レベルで行われる御嶽祭祀をつかさどる女性神役（植松　一九九九：一六七）。

（3）ユタとは、沖縄本島や南西諸島において変性意識状態で、託宣・卜占・祈願・地病などを行う民間神女（佐々木　二〇〇〇：七八三）。

（4）ただし、ツカサ（職能者）は、石垣在地の人でないと務まらないという（KTさんへの電話インタビュー二〇二四年一一月二九日）。

（5）小熊（一九八九：五八〇）によれば、一九六三（昭和三八）年に台湾政府僑務委員会の課長が来島し、八重山華僑会結成を要請した。華僑会は、入国管理の手続きをするということで、台湾本島と石垣島の台湾系移民との繋がりを正式にとりもつ機関としての役割を担った。なお、戦後の沖縄（那覇）や八重山の華僑団体の成立と中華民国政府の政策とのあいだの関係性については、八尾（二〇一一）が詳細に明らかにしている。

（6）筆者が現地で聞いた話では、このほか、神のために集めたお金を願掛けをするために借りてそれを翌年返すという風習（筆者の台湾の友人によれば、現在台湾ではこれを「求発財金」と言う）があるが、土地公祭でも信徒が借りていったお金が返ってこないなどの経済的な問題もあったという。同様と思われる事象は森田（二〇一五：四〇）にも記載されている。

（7）二〇二四年一一月二九日、電話でのインタビューによる。

（8）このほか、LSさんによれば地元社会もかつては年に一度の土地公祭で豚を祭祀した後分配される肉を楽しみにしていたが、経済的に豊かになるにつれ、豚肉の価値が下がったことも原因だという。（二〇二四年一二月四日、SNSでの発言）。

（9）二〇一九年一月三一日のインタビュー及び二〇二四年一一月二九日の電話でのインタビューによる。

（10）土地公祭の供物も台湾の土地公祭祀のそれと一致しているわけではない。両者の異同については、邱（二〇二一）を参照されたい。

（11）ただし、台湾系移住民への差別や偏見がまったく無くなったわけではない、という声も聞かれる。なお、松田（二〇二〇）は、台湾系移住民に対するまなざしの変容には、当事者自身やジャーナリスト、研究者による記録や研究の土台があったことも指摘している。

おわりに

（1）邱（二〇二一）によれば、二〇一九年まで御嶽で祭祀を行っていた時は、舞台で出し物があったという。

二〇一九年は八重山の踊り、島唄、アフリカの太鼓、カラオケなどが奉納されたという。

（2）野入（二〇一〇：二〇三）は、石垣島や沖縄本島に来る台湾人観光客の増加により、当地の台湾系移住民が台湾人であることの積極的な意味を見直し、台湾人性を顕在化させていく可能性があると述べているが、二〇二四年の土地公廟の新炉主の誕生は、この見通しの妥当性の証左と言ってもよいかもしれない。

参考文献

和文（著者名漢字は、日本語読みであいうえお順）

安里陽子（二〇一六）「境界の歴史を語るということ　プラナカン・メスティーソ・琉球華僑」同志社大学大学院グローバル・スタディーズ研究科、学位請求論文。

新井祥穂・永田淳嗣（二〇〇六）「沖縄・石垣島におけるパインアップル生産の危機と再生」『東京大学人文地理学研究』一七：三五－四九。

石垣市総務部市史編集課（一九八九）『いしがきの地名（1）』石垣市総務部市史編集課。

上杉富之（二〇一四）「グローバル研究を超えて　グローカル研究の構想と今日的意義について」『グローカル研究』一：一－二〇。

上田信（一九九六）「華人の動態的把握」可児弘明編『僑郷　華南――華僑・華人研究の現在』一三九－一五〇、行路社。

植松明石（一九九九）「御嶽」福田アジオ他編『日本民俗大辞典』上、一六七頁、吉川弘文館。

牛島盛光（一九七〇）「沖縄における文化変動――本島および石垣島における事例研究」窪徳忠編『沖縄の社会と習俗』八一－一〇八、東京大学出版会。

岡野翔太（葉翔太）（二〇二三）『二重読みされる中華民国――戦後日本を生きる華僑・台僑たちの「故郷」』大阪大学出版会。

小熊誠（一九八九）「石垣島における台湾系移民の定着過程と民族的帰属意識の変化」琉中歴史関係国際学術会議実行委員会編『琉中歴史関係論文集（第二回琉中歴史関係国際学術会議報告）』五六九－六〇二、琉中歴史関係国際学術会議実行委員会。

北村嘉恵（二〇一三）「パインアップル缶詰から見る台琉日関係史」『境界研究』一：一三三－一三九。

邱璋琪（二〇二一）「石垣島土地公祭考察」『麗澤大学紀要』一〇四：七一－八二。

金城朝夫（一九七七）「記録なきフロンティアたち――八重山に生きる台湾人入植者」『野生時代』一九七七年八月号 二一六－二二〇。

――（一九八八）『ドキュメント八重山開拓移民』あ～まん企画。

国永美智子・野入直美・松田ヒロ子・松田良孝・水田憲志編著（二〇一二）『石垣島で台湾を歩く――もうひとつの沖縄ガイド』沖縄タイムス社。

窪徳忠（一九九九）「東南アジア在住華人の土地神信仰」『窪徳忠著作集8』三三七－三六八、第一書房。

――（二〇〇〇）「石垣島在住華人の土地神信仰――長崎市の場合と比較して」『窪徳忠著作集9』三七一－三八九、第一書房。

小松恵（二〇一八）「曖昧化する「境界」――石垣島市街地の台湾出身者への聞き取りから」関礼子・高木恒一編著『多層性とダイナミズム――沖縄・石垣島の社会学』四九－六八、東信堂。

佐々木宏幹（二〇〇〇）「ユタ」福田アジオ他編『日本民俗大辞典』下、七六三－七六四、吉川弘文館。

斯波義信（二〇〇二）「華僑・華人」可児弘明・斯波義信・游仲勲編『華僑・華人事典』一〇五－一〇六、弘文堂。

瀬川昌久（一九九六）「南へ――連続的視点からみた漢族の国内／海外移動」可児弘明編『僑郷華南－華僑華人研究の現在』九八－一一五、行路社。

高那エリヤ（一九九九）「「運び屋」と呼ばれる人々――ある石垣島華商たちの変遷」『桃山学院大学 学生論集』一四：五五－七〇。

嵩田公民館記念誌編集委員会（一九九六）『嵩田――50年の歩み』嵩田公民館記念誌編集委員会。

知念正吉（二〇二〇）「「石垣港新港地区旅客船ターミナル整備事業」で7万トン級から将来は20万トン級クルーズ船に対応――世界のセレブに恥じない港湾整備を」『建設グラフ』二〇二〇年三月号 http://www.jiti.co.jp/graph/page2003/0314k/index.htm（二〇二四年八月七日閲覧）。

津田浩司（二〇一七）「「帰国」をめぐる言説空間――1960年前後の『リバティー（Liberty）』誌の解題」北村由美（編）『20世紀アジアの国際関係とインドネシア華人の移動』四五-九二、京都大学附属図書館。

津田浩司・櫻田涼子・伏木香織編（二〇一六）『華人という描線――行為実践の場からの人類学的アプローチ』風響社。

中西徹（二〇〇二）「複合社会」可児弘明・斯波義信・游仲勲編『華僑・華人事典』六八〇-六八一、弘文堂。

長野真紀（二〇一五）『八重山諸島石垣島における台湾系集落の居住環境と空間構成原理　平成二五～二六年度科学研究費補助金　研究成果報告書』神戸芸術工科大学。

野入直美（二〇一〇）「石垣島の台湾人――現代に残響する植民地下の双方向的移動」水野武編『チャイニーズネスとトランスナショナルアイデンティティ』一七三-二〇七、明石書店。

はいの朓編（二〇一二）「秋雄おじいの昔語り」『台湾農業者入植顕頌碑建立記念誌』一一〇-一二四、台湾農業者入植顕頌碑建立期成会。

橋本和也（二〇〇五）『ディアスポラと先住民――民主主義・多文化主義とナショナリズム』世界思想社。

波照間永吉（二〇一八）「沖縄のウタキ――その信仰・祭神・構造について」『非文字資料研究』一六：一-三五。

廣本由香（二〇二四）『パインと移民――沖縄・石垣島のパイナップルをめぐる「植民地化」と「土着化」のモノグラフ』新泉社。

松田良孝（二〇〇四）『八重山の台湾人』南山舎。

――（二〇一三）「植民地統治期台湾から石垣島名蔵・嵩田地区への移動について――石垣町役場作成の寄留簿の分析を通じて」『移民研究』九：一―一八。

――（二〇二〇）「沖縄県の台湾系住民をめぐる記憶の連続・断裂・散在――宮古地方と八重山地方を比較して」植野弘子・上水流久彦編『帝国日本における越境・断絶・残像　人の移動』一七七―二一〇、風響社。

――（二〇二一）「土地公祭　変化続ける拝みの場」『月刊やいま』三二六：一四―二五。

――（二〇二二）「特集　クルバシャーと王九弓」『月刊やいま』三三二：二〇―三三。

三尾裕子（二〇〇六）「中国系移民の僑居化と土着化――ベトナム・ホイアンの事例から」伊藤亞人先生退職記念論文集編集委員会編『東アジアからの人類学――国家・開発・市民』八五―一〇二、風響社。

――（二〇一二）「中国系移民におけるグローバリゼーション経験――ベトナムを中心として」三尾裕子・床呂郁哉編『グローバリゼーションズ――人類学、歴史学、地域研究の現場から』五三―九〇頁、弘文堂。

三尾裕子・床呂郁哉編（二〇一二）『グローバリゼーションズ――人類学、歴史学、地域研究の現場から』弘文堂。

三木　健（二〇一〇）『「八重山合衆国」の系譜』南山社。

――（二〇一四）『龍の舞い――八重山パイン物語』八重山台湾親善交流協会。

――（二〇一八）『西表炭鉱概史』Kindle版（原著、一九七六、三栄社）。

水田憲志（二〇一二）「台湾から石垣島にやってきた人びと」国永美智子・野入直美・松田ヒロ子・松田良孝・水田憲志編著『石垣島で台湾を歩く――もうひとつの沖縄ガイド』六八―六九、沖縄タイムス社。

森田真也（二〇一五）「帝国日本下における人の移動と神の勧請――沖縄石垣島の台湾系華僑・華人の「土地公祭」をめぐって」『人文学報』一〇八：三五―四七。

八尾祥平（二〇一〇）「戦後における台湾から「琉球」への技術者・労働者派遣事業について」『日本台湾学会会報』一二：二三九－二五四。

――――（二〇一一）「1950年代から1970年代にかけての琉球華僑組織の設立過程――国府からの影響を中心に」『華僑華人研究』八：七－二三。

――――（二〇一三）「戦後における琉球華僑をめぐる記憶と忘却――「石垣市唐人墓建立事業」を事例に」吉原和男編『現代における人の国際移動――アジアの中の日本』一六九－一七九、慶應義塾大学出版会。

――――（二〇一七）「久米三十六姓と琉球華僑からみる沖縄史」華僑華人の事典編集委員会編『華僑華人の事典』二四六－二四七、丸善出版。

山下清海（二〇一〇）『池袋チャイナタウン――都内最大の新華僑街の実像に迫る』洋泉社。

――――（二〇一三）『華僑・華人を知るための52章』明石書店。

劉枝萬（一九九四）「台湾の民間信仰」『台湾の道教と民間信仰』一一七－一四一、風響社。

林発（一九八四）『沖縄パイン産業史』沖縄パイン産業史刊行会。

英文

Heidhues, Mary Somers 1996 “Chinese Settlements in Rural Southeast Asia: Unwritten Histories”, in Anthony Read ed. *Sojourners and Settlers: Histories of Southeast Asia and the Chinese*, Australia, Allen & Unwin Pty Ltd. pp.164-182.
Tan, Chee-Beng 1988 *The Baba of Melaka, Culture and Identity of a Chinese Peranakan Community in Malaysia*, Malaysia: Pelanduk Publications.
―――― 1993 *Chinese Peranakan Heritage in Malaysia and Singapore*, Malaysia: Fajar Bakti.

三尾 裕子（みお・ゆうこ）

慶應義塾大学文学部教授。博士（学術）。専門は文化人類学。

慶應義塾大学東アジア研究所元所長。

東京大学大学院社会学研究科博士課程中退。

東京大学教養学部、東京外国語大学アジア・アフリカ言語文化研究所などを経て現職。

主著：『王爺信仰的歴史民族誌――台湾漢人的民間信仰動態』（2018年、台北：中央研究院民族学研究所）、*Memories of the Japanese Empire: Comparison of the Colonial and Decolonisation Experiences in Taiwan and Nan'yo-gunto*. (ed. by Yuko Mio, 2021, Routledge)、『帝国日本の記憶――台湾・旧南洋群島における外来政権の重層化と脱植民地化』（共編著、2016年、慶應義塾大学出版会）、『台湾で日本人を祀る――鬼《クイ》から神《シン》への現代人類学』（編著、2022年、慶應義塾大学出版会）など。

慶應義塾大学三田哲学会叢書
心の中の台湾を手作りする
――石垣島の台湾系移住民の人類学

2025年3月20日　初版第1刷発行

著者――――――三尾裕子
発行――――――慶應義塾大学三田哲学会
〒108-8345　東京都港区三田2-15-45
https://mitatetsu.keio.ac.jp/
制作・発売所――慶應義塾大学出版会株式会社
〒108-8346　東京都港区三田2-19-30
TEL〔編集部〕03-3451-0931
〔営業部〕03-3451-3584〈ご注文〉
FAX〔営業部〕03-3451-3122
https://www.keio-up.co.jp/
装丁――――――大倉真一郎
組版――――――株式会社キャップス
印刷・製本―――中央精版印刷株式会社
カバー印刷―――株式会社太平印刷社

Printed in Japan　ISBN978-4-7664-3020-2

「慶應義塾大学三田哲学会叢書」の刊行にあたって

このたび三田哲学会では叢書の刊行を行います。本学会は、1910年、文学科主任川合貞一が中心となり哲学専攻において三田哲学会として発足しました。1858年に蘭学塾として開かれ、1868年に慶應義塾と命名された義塾は、1890年に大学部を設置し、文学、理財、法律の3科が生まれました。文学科には哲学専攻、史学専攻、文学専攻の3専攻がありました。三田哲学会はこの哲学専攻を中心にその関連諸科学の研究普及および相互理解をはかることを目的にしています。

その後、1925年、三田出身の哲学、倫理学、社会学、心理学、教育学などの広い意味での哲学思想に関心をもつ百数十名の教員・研究者が集まり、相互の学問の交流を通して三田における広義の哲学を一層発展させようと意図して現在の形の三田哲学会が結成されます。現在会員は慶應義塾大学文学部の7専攻（哲学、倫理学、美学美術史学、社会学、心理学、教育学、人間科学）の専任教員と学部学生、同大学院文学研究科の2専攻（哲学・倫理学、美学美術史学）の専任教員と大学院生、および本会の趣旨に賛同する者によって構成されています。

1926年に学会誌『哲学』を創刊し、以降『哲学』の刊行を軸とする学会活動を続けてきました。『哲学』は主に専門論文が掲載される場で、研究の深化や研究者間の相互理解には資するものです。しかし、三田哲学会創立100周年にあたり、会員の研究成果がより広範な社会に向けて平易な文章で発信される必要性が認められ、その目的にかなう媒体が求められることになります。そこで学会ホームページの充実とならんで、この叢書の発刊が企図されました。

多分野にわたる研究者を抱える三田哲学会は、その分、多方面に関心を広げる学生や一般読者に向けて、専門的な研究成果を生きられる知として伝えていかなければならないでしょう。私物化せず、死物化もせずに、知を公共の中に行き渡らせる媒体となることが、本叢書の目的です。

ars incognita　アルス インコグニタは、ラテン語ですが、「未知の技法」という意味です。慶應義塾の精神のひとつに「自我作古（我より古を作す）」、つまり、前人未踏の新しい分野に挑戦し、たとえ困難や試練が待ち受けていても、それに耐えて開拓に当たるという、勇気と使命感を表した言葉があります。未だ知られることのない知の用法、単なる知識の獲得ではなく、新たな生の技法（ars vivendi）としての知を作り出すという本叢書の精神が、慶應義塾の精神と相まって、表現されていると考えていただければ幸いです。

慶應義塾大学三田哲学会